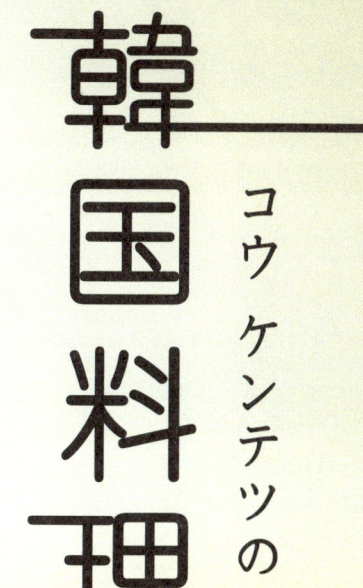

コウ ケンテツの
韓国料理
ハナ1・ドゥ2・セッ3

"ハナ""ドゥ""セッ"は韓国語の"1""2""3"。
この一冊で韓国料理の基本がマスターできます。

NHK出版

僕は日本で生まれましたが、母がつくる韓国料理を食べて育ちました。韓国料理はオモニ（母）の味といわれますが、僕にとってもまさにそうであり、僕の食のベースは母がつくってくれた韓国の家庭料理にあります。この本に掲載している料理は、僕が子どものころから慣れ親しみ、今でも日々つくり続けているものばかりです。

僕がこの本を通して、皆さんにいちばん伝えたいことは、韓国料理は野菜がたっぷりで、ヘルシーだということ。韓国料理は、これでもかというほど野菜をふんだんに使います。キムチやナムルにも種類が豊富にあって、毎食ごとにたくさんの野菜が食卓に並ぶのが当たり前。韓国人が元気なのは、野菜は意識的にとるものではなく、気がついたらたっぷりとっていたという食生活を送っているからなのです。

韓国料理は甘み、辛み、酸味など、さまざまな風味を同時に出すように考えられているので、若干、材料が多く感じられるかもしれません。でも、つくり方は決して難しいものではなく、グツグツ煮っぱなし、ガンガン焼きっぱなしとアバウトでシンプル。コツさえつかめば簡単にできるものばかりなので、構えずにどんどんトライしてほしいと思います。材料も、ほとんどの料理が日本の食材でできます。レシピで紹介する食材は、あくまで目安。家にあるものや残り野菜を利用して自由にアレンジすれば、バリエーションを楽しむこともできます。

昔に比べて、韓国料理は広く知られるようにはなりましたが、まだまだ外食のイメージが強く残っているように思えます。なんとかこのイメージを脱却して、もっと多くの皆さんに、家庭でつくる韓国料理のよさを知ってほしい、日々の食事のメニューに取り入れてほしい。この本が、韓国料理をもっと身近に感じられるきっかけになってくれることを願っています。

韓国料理はこれでもかというほど
野菜をふんだんに使い、つくり方はアバウトでシンプル。
コツさえつかめば簡単にできるものばかりです。

고현철
髙賢哲

母から教わった料理への"想い"を多くの人へ伝えていきたい。

この仕事を始めてから韓国に行く機会がぐっと多くなりました。向こうに行ったら、勉強も兼ねて、できる限りいろいろな料理を食べ歩くようにしています。おしゃれなカフェやレストランもたくさんありますが、オモニ（母）がやっている庶民的な食堂のほうが僕は好きです。本場のオモニがつくる料理を食べると驚くことがたびたびあります。まさに母の味とよく似ていて、自分の舌の記憶と重なるんですね。あるとき、店のオモニに、料理に対する考え方について質問したことがあります。すると、子どものころから母に言われていたことと同じ言葉が返ってきたんです。そのときに、母から教わった、料理への"想い"を、より多くの人へ伝えていきたいと強く感じたのです。

韓国に行ったら、日本では考えられないくらいに、むちゃくちゃよく食べます。韓国料理はたくさん食べても食べすぎることはなくて、食べれば食べるほど元気になり、体の調子がよくなるんです。韓国料理はまさに「薬食同源」、健康をつくる料理なんだと、本場の食生活を見て体験して再確認しました。

東京にいる間、韓国が懐かしくなると、時々ふらっと新大久保に出かけます。食材調達の目的もありますが、「ホットク」や「トッポギ」の屋台が出ていたりする街のにおいに、なんだかホッと落ち着いた気分になれるんです。

ホットク

材料（4枚分）
卵黄1コ分／砂糖10g／塩小さじ¼／牛乳・ぬるま湯各大さじ4／強力粉100g／もち粉50g／ドライイースト小さじ½／サラダ油小さじ½／あん（くるみ10g、黒砂糖〈粉末〉小さじ4、シナモン〈粉末〉少々、かたくり粉小さじ½）／ごま油大さじ2

1枚分280kcal　調理時間25分*
＊生地を発酵させる時間は除く。

1　ボウルに卵黄、砂糖、塩を入れて泡立て器で混ぜ、牛乳、ぬるま湯を加えて混ぜ合わせる。
2　1に強力粉、もち粉を合わせてふるい入れ、手で混ぜる。粉っぽさがなくなったらドライイーストを加えて混ぜ、台に移して10分間ほどこねる。サラダ油を加え、全体になじむまでさらにこね、丸く形を整える。
3　2のボウルをきれいにし、サラダ油（分量外）を薄くぬって2の生地を戻し入れ、ぬれぶきんをかける。温かい場所に1時間ほどおき、2倍にふくらむまで発酵させる。
4　あんをつくる。くるみは細かく刻み、残りの材料と混ぜる。
5　3の生地をボウルから取り出し、4等分にして平らにのばす。あんを¼量ずつのせ、包み込むようにして口を閉じ、丸く形を整える。
6　フライパンにごま油大さじ½を中火で熱し、5の1コの閉じ目を下にして入れる。生地がふっくらとして焼き色がついたら裏返し、ホットク専用プレスまたはフライ返しなどでつぶすようにして平らな円形に整え（写真）、両面に焼き色をつける。残りも同様にして焼く。食べるときに好みではちみつやシナモン〈粉末〉をかけてもおいしい。

ホットク専用プレス
ホットクの生地を焼くときに平らな円形に押し広げるための専用の器具。日本では入手が難しいので、フライ返しなどで代用するとよい。

僕がふだん使っている韓国食材を紹介します。——8

ホットク——4
豚キムチヂミ——10
ねぎとあさりのチヂミ——12
五色チヂミ——14
かぼちゃのチヂミ——15
にんじんのチヂミ——16
にらのチヂミ——16
大豆もやしのチヂミ——17
しいたけのチヂミ——17
トマトの生ナムル——18
みょうがの生ナムル——18
大根の生ナムル——18
ほうれんそうのゆでナムル——20
スナップえんどうのゆでナムル——21
アスパラのゆでナムル——21
にんじんの炒めナムル——22
ごぼうの炒めナムル——23
ぜんまいの炒めナムル——23

大豆もやしの蒸し煮ナムル——24
なすの蒸しナムル——25
ズッキーニの蒸しナムル——25
五目ビビンバ——26
まぐろのユッケとお好みナムルのビビンバ——28
三色ビビンバ——30
石焼きビビンバ——33
スンニュン——33
プルコギ——34
豚肉と野菜のプルコギ——36
タッカルビ——38
タッカルビチャーハン——40
タッカルビうどん——40
タッカルビパスタ——41
タッカルビトック——41
タッカルビマリ——42
豚肉のポッサム——44
温めん——46
サムジャン——47
カムジャタン——48

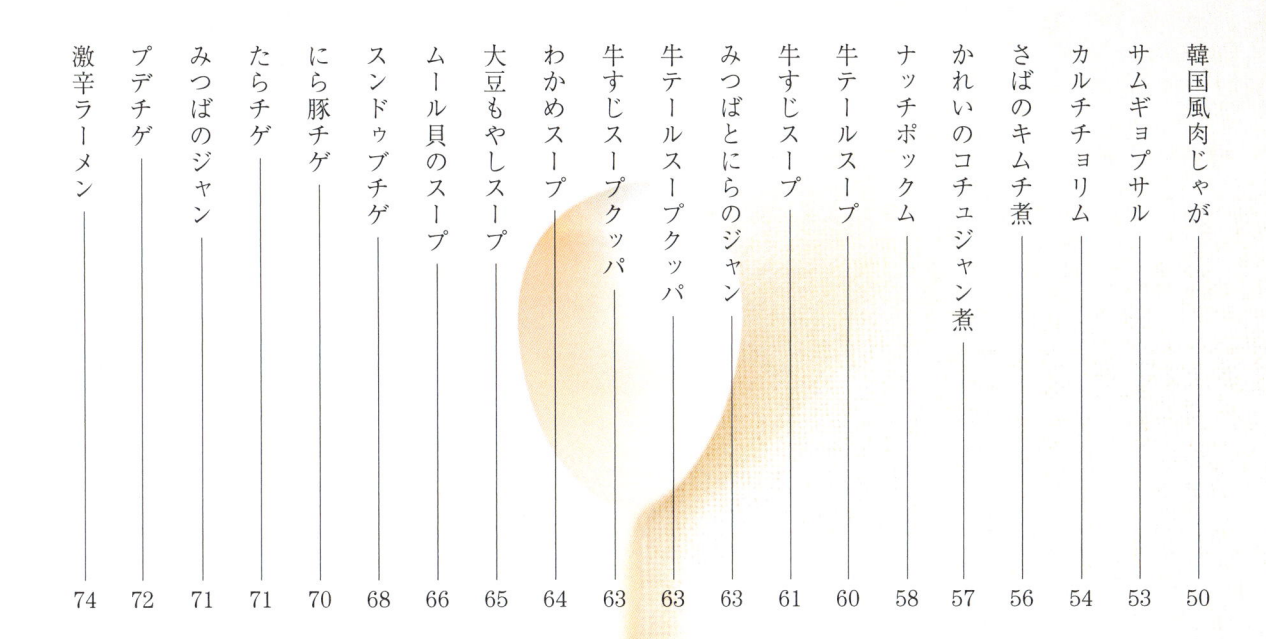

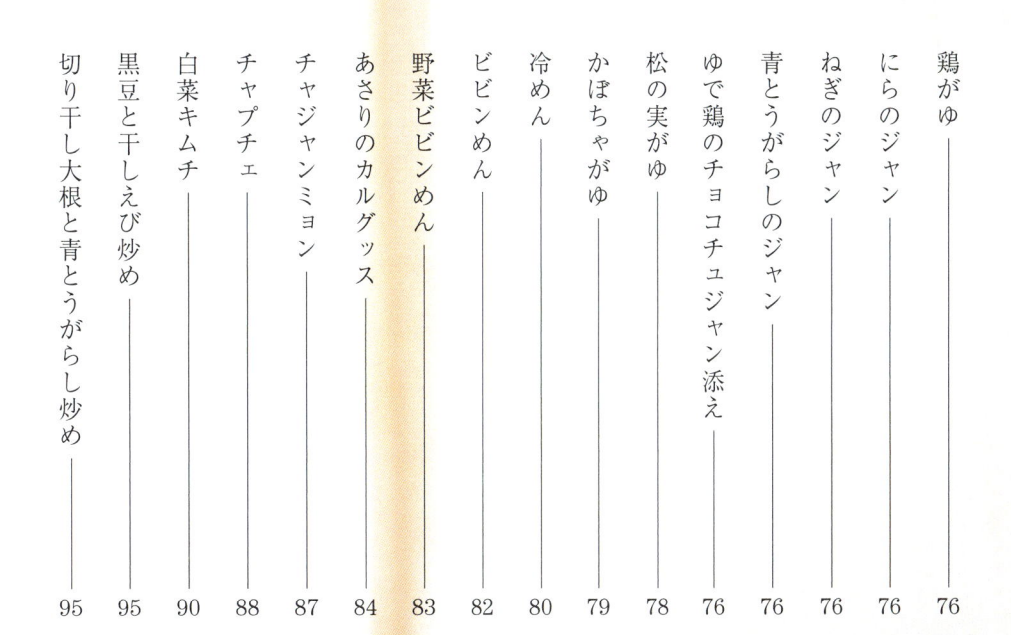

韓国風肉じゃが —— 50	鶏がゆ —— 76
サムギョプサル —— 53	にらのジャン —— 76
カルチチョリム —— 54	ねぎのジャン —— 76
さばのキムチ煮 —— 56	青とうがらしのジャン —— 76
かれいのコチュジャン煮 —— 57	ゆで鶏のチョコチュジャン添え —— 76
ナッチポックム —— 58	松の実がゆ —— 78
牛テールスープ —— 60	かぼちゃがゆ —— 79
牛すじスープ —— 61	冷めん —— 80
みつばとにらのジャン —— 63	ビビンめん —— 82
牛すじスープクッパ —— 63	野菜ビビンめん —— 83
牛テールスープクッパ —— 63	あさりのカルグッス —— 84
わかめスープ —— 64	チャジャンミョン —— 87
大豆もやしスープ —— 65	チャプチェ —— 88
ムール貝のスープ —— 66	白菜キムチ —— 90
スンドゥブチゲ —— 68	黒豆と干しえび炒め —— 95
にら豚チゲ —— 70	切り干し大根と青とうがらし炒め —— 95
たらチゲ —— 71	
みつばのジャン —— 71	
プデチゲ —— 72	
激辛ラーメン —— 74	

この本の使い方
●この本で使用している計量カップはカップ1＝200㎖、計量スプーンは大さじ1＝15㎖、小さじ1＝5㎖です。1㎖＝1ccです。
●この本に出てくる「適量」は必ず入れる材料で分量は好みでよい、「適宜」は必ずしも入れなくてよい材料で分量は好みでよいという意味を示します。

僕がふだん使っている韓国食材を紹介します。

生とうがらし

赤は熟したもので、青は熟す前に収穫したものです。韓国では一年中、生のとうがらしが出回っています。産地や品種によって辛さの度合いが違い、辛みがないものもあります。野菜として料理に使ったり、刻んで薬味に使うほか、みそをつけてそのままでも食べます。

粉とうがらし

とうがらしを乾燥させて粉状にひいたもので、甘みのあるマイルドな辛さが特徴。ひき方で種類が分かれますが、僕は、オールマイティーに使える中びきを愛用しています。コチュジャンとともにぜひそろえてほしい、韓国料理には欠かせない材料です。

コチュジャン

粉とうがらし、穀物、麦芽粉、水あめなどをミックスして発酵熟成させた甘辛いとうがらしみそ。煮物や焼き物の味つけから、たれやドレッシングのベースにも使えます。中国料理の豆板醤（トーバンジャン）より幅広く使えるので、常備しておくと重宝します。

ごま油

韓国料理の油は、ごま油が基本。炒める、焼く、揚げるなどの調理油としてはもちろん、たれやドレッシングのベースにも使います。韓国と日本のごま油は製法が違い、香りや味わいが多少異なりますが、僕はふだん、日本のごま油を使用しています。

あみの塩辛

えびに似た甲殻類・あみを塩漬けにして発酵させたものです。クセのない深みのあるうまみと塩けがあり、キムチの味つけのベースとなるキムチヤンニョムには欠かせない材料です。食卓の料理に添えて、うまみ出しとして使ったりもします。

糸とうがらし

上質のとうがらしを乾燥させて糸状に細く切ったもので、辛みはほとんどありません。香辛料としてというよりも、鮮やかな赤色を生かして仕上げの飾りなどに使います。レシピにたびたび出てきますが、もし手に入らなければ、省いてもかまいません。

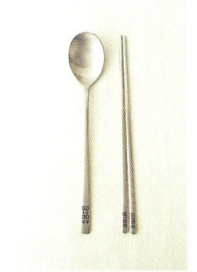

スッカラッとチョッカラッ

韓国の食卓では、韓国語で「スッカラッ」という平らな形をしたスプーンと、「チョッカラッ」というはしを使って料理を食べます。「スッカラッ」でご飯や汁物をすくって食べ、「チョッカラッ」は、おかずをつまむときに使います。また、「スッカラッ」は食卓だけでなく、調味料をすくったり、具を混ぜたりと、調理器具としてキッチンでも活躍します。

えごまの葉

シソ科の一年草で、青じそよりもひとまわり大きく、葉は肉厚でハリがあるのが特徴。香りや味わいも青じそとは異なります。葉の表が濃い緑色で、裏が濃い紫色のものがよい品を選ぶコツ。生の葉に肉やご飯を包むほか、「カムジャタン」の仕上げにも使います。

しょうが

とうがらしや、にんにく同様、しょうがも韓国料理の必須食材。韓国では、料理にはもちろん、伝統茶やお菓子の材料としてもよく使われています。しょうがには体を温める効果や食欲を増進させる効果があります。

にんにく

にんにくは韓国人のパワーを支えるスタミナ源。韓国料理には欠かせない食材です。僕もキッチンにはいつも常備しています。韓国では、香りづけや料理に使う以外に、生のままで食べたり、焼き肉のときに肉といっしょに焼いて食べたりもします。

白ごま

韓国料理では、黒ごまよりも白ごまのほうをよく使います。すり鉢で粒が半分つぶれるほどの半ずりにしてから使うことが多いのですが、僕はいりごまを指でつぶして半ずりに近い状態にしながら、料理に加えています。

韓国春雨

韓国語では「タンミョン」といいます。さつまいもでんぷんを原料とし、日本の春雨や緑豆春雨よりも太くてコシが強く、ムチッとした弾力のある食感があります。加熱しても煮くずれしにくいのも特徴です。手に入らなければ、緑豆春雨で代用してください。

トック

うるち米を原料とする韓国のもちで、もち米が原料の日本のもちとは違い、加熱しても煮くずれしにくく、のびないのが特徴です。薄くて丸く平たい形をしたものと、細長い棒状のものがあります。厳密にいうと料理によって使い分けますが、好みのもので OK です。

冷めん

そば粉を主原料とし、かたくり粉などのでんぷんをつなぎとしてつくられるコシの強いめんです。細めん、太めん、生めん、半生めん、乾めんなどいろいろな種類が市販されているので、手に入りやすい好みのものを使ってください。

松の実

朝鮮五葉松の松かさの実で、栄養価が高く、韓国では不老長寿の妙薬として昔から珍重されています。松の実をすりつぶした滋養たっぷりのおかゆは、日本でも有名。料理や伝統茶の飾りに散らしたり、お菓子の材料としても使われます。

近所で食材が調達できないときに頼りになるお店です。

韓国食材の入手先
韓国食材を輸入・販売しているスーパーマーケット「韓国広場」では、通信販売・地方発送も行っています。
商品の問い合わせおよび注文は、電話またはファックスにてお申し込みください。
商品の一部はインターネットでも取り扱っています。

韓国広場
〒160-0021　東京都新宿区歌舞伎町2-31-11
電話：03-3232-5400（代）　0120-039-168　FAX：0120-168-414
URL：http://www.ehiroba.jp
営業：午前8時〜午前2時・無休

［チヂミ］

日本でも人気の「チヂミ」は、韓国の定番粉料理。「お好み焼き」に似ていますが、焼き方が違います。

豚キムチチヂミ

最強のスタミナトリオ、豚肉、キムチ、にらを具にしたボリュームたっぷりのチヂミです。ビールのつまみはもちろん、ご飯のおかずにもよく合いますよ。

材料（直径26cm 1枚分）
生地
- 小麦粉　大さじ4
- 上新粉　大さじ2
- 溶き卵　½コ分
- 塩　少々
- 水　カップ¼

豚バラ肉（薄切り）　80g
白菜キムチ　100g
にら　½ワ
塩・黒こしょう（粗びき）　各少々
ごま油　大さじ2強
たれ
- しょうゆ・酢　各適量
- 赤とうがらし（種を抜いて小口切り）　1本分

1枚分850kcal　調理時間15分

1　豚バラ肉は長さを4等分に切り、塩、黒こしょうをふる。白菜キムチは食べやすい大きさに切る。にらは5～6cm長さに切る。
2　ボウルに生地の材料を混ぜ合わせる（写真1）。
3　フライパンにごま油少々を熱し、豚肉を広げて入れ、両面をこんがりと焼き（写真2）、2に加える。白菜キムチ、にらも加えて全体を混ぜ合わせる（写真3）。
4　フライパンをペーパータオルできれいにふき、ごま油大さじ1を熱して3を流し入れる。耐熱性ゴムべらなどで、フライパン全体に薄く広げ（写真4）、強火で1～2分間焼く。こんがりと焼き色がついたら裏返して火を弱め、フライ返しなどで押さえながら1～2分間焼く（写真5）。
5　ごま油大さじ1を鍋肌からチヂミの周囲に回しかけ、フライパンをゆすりながら、さらに焼く（写真6）。焼き色がついたら再度裏返してサッと焼き、器に盛る。たれの材料を合わせて添える。

薄く広げて押さえながら焼き、表面はカリッ、中はモチッと仕上げる

韓国では、「チヂミ」は地方の方言で、通常は「ジョン」または「プッチムゲ」という名称で呼ばれています。天ぷらに似たものもありますが、この本では、日本でポピュラーな、お好み焼き風のものを紹介します。

「チヂミ」と「お好み焼き」の違いは、焼き方にあります。「お好み焼き」は生地をフワッと焼き上げますが、「チヂミ」は生地を薄く広げて押さえながら焼き、表面はカリッと香ばしく、中はモチッとした食感に仕上げます。ただし、12ページの「ねぎとあさりのチヂミ」は例外です。生地を押さえて焼くと、ねぎがつぶれてベタッと水っぽく仕上がってしまうので、押さえずにフンワリと焼き上げます。

昔から、「梅雨どきにはチヂミ」とよくいわれるそうです。これは、雨で外に買い物に行けないときにでも、あり合わせのものを生地に混ぜれば「チヂミ」が手軽にできることから、こう表現されるようになったのだとか。だから、チヂミの具にルールはありません。冷蔵庫にあるもので、好みのチヂミをつくってみるのも楽しいですよ。

[チヂミ]

ねぎとあさりのチヂミ

韓国の家庭でよくつくられるチヂミの一つです。具と生地を混ぜて焼く「豚キムチヂミ」とはつくり方が違い、細ねぎの彩りと風味を生かして仕上げる方法でつくります。

材料(直径26cm1枚分)
細ねぎ　1½ワ
あさり(むき身)　60g
小麦粉　大さじ3
卵　3コ
生とうがらし(赤)　1本
塩　少々
ごま油　大さじ2
青とうがらしのジャン*　適量

1枚分620kcal　調理時間15分
*材料とつくり方はP.76参照。

1　あさりは水でサッと洗い、水けをふく。細ねぎは根元を切り、長さを半分に切る。それぞれバットに入れ、小麦粉をあさりに大さじ1、ねぎに大さじ2をふってまぶす(写真1)。
2　ボウルに卵を割り入れてほぐし、塩を加えて混ぜ、1の細ねぎをサッとくぐらせる(写真2)。続けてあさりもサッとくぐらせる。
3　フライパンにごま油大さじ1を弱火で熱して2の細ねぎを広げて入れ(写真3)、あさりをのせる(写真4)。斜め薄切りにした生とうがらしを散らし、その上からボウルに残った卵を回しかけ(写真5)、こんがりと色づくまで中火で焼く。
4　フライパンよりひとまわり小さい皿をかぶせてひっくり返し(写真6)、そのまま滑らせるようにしてフライパンに戻し入れる。焼き色がついたらごま油大さじ1をチヂミの周囲に回しかけ、強火にしてフライパンをゆすりながらサッと焼く。食べやすい大きさに切って器に盛り、青とうがらしのジャンを添える。

1
2
3
4
5
6

[チヂミ]

五色チヂミ

一つの野菜でつくるチヂミ5種類の盛り合わせは
僕の実家では、人が集まるときに欠かせない行事食でした。

14

かぼちゃのチヂミ

五色チヂミ 黄

かぼちゃのほっくりとした丸みのある甘みがたんのうできます。

材料（直径26cm 1枚分）
かぼちゃ　200g（正味150g）
生地
- 水　カップ¼
- 小麦粉　大さじ4
- 上新粉　大さじ2
- 塩　小さじ⅓
- 溶き卵　½コ分

ごま油　大さじ2
たれ
- しょうゆ　大さじ1
- 酢・レモン汁・白ごま　各大さじ½
- 粉とうがらし（中びき。韓国産）　大さじ½

1枚分650kcal　調理時間15分

1　かぼちゃはワタと種を取り除いて4〜5cm長さの細切りにし、ボウルに入れる。
2　生地をつくる。1に分量の水をふりかけ、手でざっと混ぜる。小麦粉（写真1）、上新粉、塩を加え、手で底から持ち上げるようにして混ぜ合わせ（写真2）、かぼちゃの全体にからめる（写真3）。溶き卵を加えて（写真4）さらに混ぜ、全体に均一にからめる。
3　フライパンにごま油大さじ1を熱して2を入れ、耐熱性ゴムべらなどで全体に薄く広げて強火で1〜2分間焼く（写真5）。焼き色がついたら裏返して（写真6）火を弱め、フライ返しなどで押さえながら1〜2分間焼く。
4　ごま油大さじ1を鍋肌からチヂミの周囲に回しかけ、フライパンをゆすりながら、さらに焼く。焼き色がついたら再度裏返してサッと焼き、火から下ろして粗熱を取る。
5　食べやすい大きさに切って器に盛り、たれの材料を合わせて添える。

1

2

3

4

5

6

五色の彩りをそろえることは、薬食同源を取り入れた韓国料理の基本

僕の実家では、祭事や行事などで人が集まるときには、一つの野菜だけでつくるチヂミを五色そろえて盛り合わせ、もてなし料理として食卓に出していました。
料理に五つの色をそろえることは、単に彩りを添えておいしく見せるためだけではありません。薬食同源を取り入れた韓国料理には"五味五色"という考え方があります。五味とは"辛み・甘み・酸味・塩味・苦み"、五色とは"緑・赤・黄・白・黒"。五味五色の食材をバランスよく組み合わせることが体によい食事と考えるのです。
とはいえ、ふだんは一度に5種類焼くのは大変。1種類ずつでも軽いので、おやつや夜食にもおすすめです。野菜だけで楽しんでください。僕は、野菜のチヂミをつくるときは、生地の材料を野菜にまぶすようにして混ぜます。そうすると、野菜自体がシャキッとおいしく焼き上がるのです。好みの野菜でアレンジすると、いろんな味が楽しめると思います。

五色チヂミ 緑

にらのチヂミ

生地の香ばしさが、にら独特の深い風味を際立たせます。

材料（直径26cm 1枚分）とつくり方
1　P.15の「かぼちゃのチヂミ」のかぼちゃをにら1ワにかえ、5cm長さに切る。そのほかは、「かぼちゃのチヂミ」と同じ分量の材料と手順で同様につくる。

1枚分540kcal　調理時間15分

五色チヂミ 赤

にんじんのチヂミ

クセのないやさしい甘みで、にんじんが苦手な方にもおすすめ。

材料（直径26cm 1枚分）とつくり方
1　P.15の「かぼちゃのチヂミ」のかぼちゃをにんじん（大）1本（150g）にかえ、5mm幅の斜め切りにしてから細切りにする。そのほかは、「かぼちゃのチヂミ」と同じ分量の材料と手順で同様につくる。

1枚分570kcal　調理時間15分

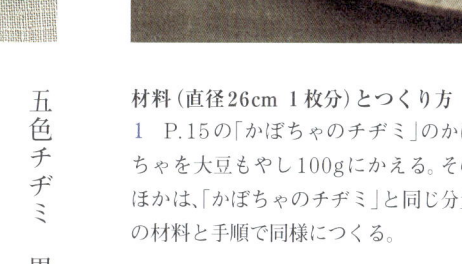

五色チヂミ　黒
しいたけのチヂミ

しいたけのうまみが凝縮されたような濃い味わいです。

材料（直径26cm 1枚分）とつくり方
1　P.15の「かぼちゃのチヂミ」のかぼちゃを生しいたけ1パックにかえ、軸を取って薄切りにする。
2　ボウルに「かぼちゃのチヂミ」の生地と同じ分量の材料を混ぜ合わせる。これに1のしいたけを加え、手で底から持ち上げるようにしいたけの全体にからめる。そのほかは、「かぼちゃのチヂミ」の手順3〜5と同じ分量の材料と手順で同様につくる。

1枚分540kcal　調理時間15分

五色チヂミ　白
大豆もやしのチヂミ

シャキッとした食感のあとに大豆もやしのふくよかな風味が広がります。

材料（直径26cm 1枚分）とつくり方
1　P.15の「かぼちゃのチヂミ」のかぼちゃを大豆もやし100gにかえる。そのほかは、「かぼちゃのチヂミ」と同じ分量の材料と手順で同様につくる。

1枚分550kcal　調理時間15分

[ナムル]

季節の野菜を素材に合わせた下ごしらえをしてあえる「ナムル」は、韓国の食卓に欠かせない料理です。

生・ナムル

野菜に火を通さずに調味料であえ、フレッシュなおいしさを味わいます。

トマトの生ナムル

トマトは種つきのまま、みずみずしい風味を生かします。

材料（2人分）
- トマト （小）1コ
- A
  - しょうが（すりおろす） ½かけ分
  - 砂糖 小さじ⅓
  - しょうゆ・酢 各小さじ½
  - ごま油 小さじ1
  - 細ねぎ（小口切り） 2～3本分
  - 白ごま 小さじ1

1人分45kcal　調理時間5分

1 トマトはヘタを取り、縦8等分に切る。
2 1をボウルに入れてAのしょうがから細ねぎまでを順に加え、そのつどあえる。白ごまを指で軽くつぶしながら加え、サッとあえる。

みょうがの生ナムル

和野菜のみょうがを主役にした、さっぱりとしたナムルです。

材料（2人分）
- みょうが 3コ
- A
  - しょうゆ・酢 各小さじ1
  - ごま油 小さじ½
  - 白ごま 小さじ1

1人分25kcal　調理時間5分

1 みょうがは縦半分に切り、縦にせん切りにする。
2 1をボウルに入れてAのしょうゆ、酢、ごま油を順に加えてそのつどあえる。白ごまを指で軽くつぶしながら加え、サッとあえる。

大根の生ナムル

大根は塩をふって余分な水分を出し、風味と食感を十分に出します。

材料（2人分）
- 大根 3～4cm（100g）
- 塩 小さじ⅓
- A
  - 酢・ごま油 各小さじ1
  - 白ごま 小さじ1

1人分35kcal　調理時間10分

1 大根は皮をむき、5mm幅の輪切りにしてから細切りにし、塩をふって（写真1）5分間ほどおき、水けを絞る（写真2）。
2 1をボウルに入れてAの酢、ごま油を順に加えてそのつどあえる。白ごまを指で軽くつぶしながら加え、サッとあえる（写真3）。

1

2

3

トマトの生ナムル

みょうがの生ナムル

大根の生ナムル

野菜を味わいながら塩加減をし、その持ち味を十分に引き出すことが大切

韓国では「野菜の味を覚えるのはナムルから」といわれています。シンプルで簡単な料理だからこそいちばん難しく、母の下で修業時代、僕はなかなか合格点がもらえませんでした。まず野菜の特性を知ることから始め、その野菜のベストな状態を引き出す調理法を考えます。そして、「どれだけ甘みがあるかな?」などと、野菜を味わいながら塩加減をし、野菜の持ち味を十分に引き出すことが大切です。また、あえるときは、先に塩、しょうゆなどで味を調えてから、ごま油であえます。ごま油を先にあえると、油膜でコーティングされて味を含まなくなるからです。

「ナムル」は手であえるものなので、つくり手によって味が変わります。韓国では、家庭ごとに、その家の「ナムル」の味があるともいわれています。僕は母がつくる季節ごとの「ナムル」で野菜の旬や味を五感に記憶しながら育ちました。この本を手にとってくれた皆さんにも、「ナムル」を通して、野菜が持つ本来の風味を知ってほしいと思います。

[ナムル]

ゆ・で ナムル　スナップえんどうのゆでナムル

野菜をほどよい堅さにゆでて、調味料であえます。半分はさやを割り、残りはそのままで。違った味わいが楽しめます。

材料（2人分）
スナップえんどう　100g
塩　適量
A［塩　少々
　　ごま油　小さじ½］

1人分30kcal　調理時間5分

1　スナップえんどうはヘタと筋を取り、塩を加えた熱湯（湯1ℓに対して塩小さじ1の割合）で1分間ほどゆでる（写真1）。ざるに上げて湯をきり、粗熱を取る。

2　1の約½量を縦半分に割り、残りといっしょにボウルに入れる。Aの塩（写真2）、ごま油を順に加えて（写真3）そのつどあえる（写真4）。

アスパラのゆでナムル

アスパラの甘さに、粉とうがらしでピリッとした辛さのアクセントをつけます。

材料（2人分）
グリーンアスパラガス　3本
塩　適量
A ┌ しょうゆ・ごま油　各小さじ1/2
　│ 粉とうがらし（中びき。韓国産）・白ごま
　└ 　各小さじ1

1人分30kcal　調理時間5分

1　グリーンアスパラガスは根元から長さの1/3のところまでピーラーで皮をむき、縦長の細い乱切りにする。塩を入れた熱湯（湯1ℓに対して塩小さじ1の割合）で20秒間ほどゆでてざるに上げ、粗熱を取る。
2　1をボウルに入れてAのしょうゆ、粉とうがらし、ごま油を順に加えてそのつどあえる。白ごまを指で軽くつぶしながら加え、サッとあえる。

ほうれんそうのゆでナムル

クタッとなるまでゆですぎずに、歯切れのよい食感を残して。

材料（2人分）
ほうれんそう　1/2ワ
塩　適量
A ┌ しょうゆ・粉とうがらし（中びき。韓国産）・
　│ ごま油・白ごま　各小さじ1
　└

1人分45kcal　調理時間10分

1　ほうれんそうは火が通りやすいように堅い根元に十文字に切り目を入れ、水に5分間ほどさらす。塩を入れた熱湯（湯1ℓに対して塩小さじ1の割合）で1分間ほどゆでて冷水にとり、冷ます。水けを絞って3〜4cm長さに切り、ボウルに入れる。
2　1にAのしょうゆ、粉とうがらし、ごま油を加えてそのつどあえる。白ごまを指で軽くつぶしながら加え、サッとあえる。

[ナムル]

炒・め・ナムル　野菜をごま油で香りよく炒めて味つけします。

にんじんの炒めナムル

余熱で火が通るので、かんでみて少し堅いくらいの炒め加減がベスト。

材料（2人分）
にんじん（小）1本
A ┌ ごま油　小さじ1
　├ 塩　少々
　└ 白ごま　小さじ1

1人分50kcal　調理時間5分

1　にんじんは皮をむき、5mm幅の斜め切りにしてから細切りにする。
2　フライパンにAのごま油を熱し、1を入れて塩をふり、強めの中火でサッと炒める（写真1）。白ごまを指先で軽くつぶしながら加え（写真2）、サッと混ぜる。バットに広げ、粗熱を取る。

ぜんまいの炒めナムル

韓国には山菜のナムルも多く、ぜんまいのナムルはビビンバにも欠かせません。

材料（2人分）
ぜんまいの水煮　120g
A ┌ ごま油・しょうゆ　各大さじ1
　│ 砂糖　小さじ2
　└ みりん・白ごま　各小さじ1

1人分100kcal　調理時間5分

1　ぜんまいの水煮は熱湯でサッとゆでてざるに上げ、粗熱を取って食べやすい長さに切る。
2　フライパンにAのごま油を熱し、1を入れて強めの中火でサッと炒める。油がなじんだら砂糖、みりん、しょうゆを順に加え、汁けがなくなるまで強めの中火で炒める。
3　火を止め、白ごまを手で軽くつぶしながら加え、サッと混ぜる。バットに広げ、粗熱を取る。

ごぼうの炒めナムル

ごぼうの風味に合うよう、きんぴら風に甘みをつけて仕上げます。

材料（2人分）
ごぼう　½本
A ┌ ごま油・白ごま　各小さじ1
　└ 砂糖・みりん・しょうゆ　各大さじ½

1人分70kcal　調理時間10分

1　ごぼうは皮を包丁の背でこそげ取り、5cm長さの斜め薄切りにしてから細切りにする。水に5分間ほどさらし、水けをきる。
2　フライパンにAのごま油を熱し、1を入れて強めの中火でサッと炒める。油がなじんだら砂糖、みりん、しょうゆを順に加えてサッと炒め、全体に味をからめる。白ごまを指で軽くつぶしながら加え、サッと混ぜる。バットに広げ、粗熱を取る。

[ナムル]

大豆もやしの蒸し煮ナムル

蒸し ナムル 蒸すことで野菜のうまみを濃縮させ、調味料であえます。

大豆もやしは、ゆでるより蒸し煮にしたほうが、風味を濃厚にひき出せます。

材料(2人分)
大豆もやし　150g
A ┌ 塩　小さじ1/3〜1/2
　 └ ごま油・白ごま　各小さじ1
糸とうがらし(韓国産)　少々

1人分60kcal　調理時間8分

1　小さめの鍋に大豆もやしを入れ、もやしの半分くらいの深さまで水を注ぎ(写真1)、強火で煮立たせる。火を弱めてふたをし、5〜6分間蒸し煮にする(写真2)。
2　1をざるに上げて水けをきり、Aの塩をふって混ぜ、粗熱を取って軽く絞る。
3　2をボウルに入れ、ごま油を加えて混ぜる。白ごまを指で軽くつぶしながら加え、あえる(写真3)。
4　器に盛り、糸とうがらしを散らす。

1

2

3

ズッキーニの蒸しナムル

塩をふって余分な水分を出してから蒸し、うまみの流出を防ぎます。

材料（2人分）
ズッキーニ　1本
塩　適量
A ┌ 塩　小さじ⅓
　└ ごま油・白ごま　各小さじ½
糸とうがらし　適量

1人分30kcal　調理時間10分

1　ズッキーニはヘタを取って5mm厚さの輪切りにし、塩をふって5分間ほどおく。水けが出たらペーパータオルでふき取る。
2　蒸し器に湯を入れて火にかけ、蒸気が立ったら1を並べ入れ、2分間ほど蒸す。取り出して粗熱を取り、ボウルに移してAの塩、ごま油を順に加えてそのつどあえる。白ごまを手で軽くつぶしながら加え、サッとあえる。器に盛り、糸とうがらしを散らす。

なすの蒸しナムル

なすを色よく仕上げるには、蒸すのが一番です。

材料（2人分）
なす　2本
A ┌ しょうゆ・粉とうがらし（中びき。韓国産）
　│　　各小さじ1
　│ しょうが（すりおろす）　½かけ分
　│ 砂糖　小さじ½
　└ ごま油・白ごま　各小さじ1

1人分60kcal　調理時間15分

1　なすはヘタを取って縦8等分に切り、水に5分間ほどさらして水けをふく。
2　蒸し器に湯を入れて火にかけ、蒸気が立ったら1を並べ入れ、2分間ほど蒸す。取り出して粗熱を取り、ボウルに移してAのしょうゆからごま油までを順に加えてそのつどあえる。白ごまを指で軽くつぶしながら加え、あえる。

［ビビンバ］

「ビビンバ」は、野菜をたっぷり食べられるヘルシーな一品です。いわゆる韓国の混ぜご飯。

五目ビビンバ

野菜のナムルは素材の味を生かすためにやさしい風味に仕上げ、肉はしっかりと味をつけてメリハリを出します。ひき肉は、薄切り肉やカルビ肉にかえてボリュームを出してもOK。

材料（2人分）

牛肉の炒め煮
- 牛ひき肉　120g
- ごま油　大さじ1
- にんにく・しょうが（各すりおろす）　各1かけ分
- 酒・砂糖・しょうゆ　各大さじ1
- 粉とうがらし（中びき。韓国産）　小さじ1
- 白ごま　小さじ1

ほうれんそうのゆでナムル（P.21参照）　全量
にんじんの炒めナムル（P.22参照）　全量
ぜんまいの炒めナムル（P.23参照）　全量
大豆もやしの蒸し煮ナムル（P.24参照）　全量
ご飯（温かいもの）　丼2杯分
卵黄　2コ分
コチュジャン　小さじ2

1人分900kcal　調理時間20分

1　牛肉の炒め煮をつくる。フライパンにごま油を熱し、にんにく、しょうがを入れて中火で炒める。香りがたったら、ひき肉を加え、ほぐしながら炒める(写真1)。

2　酒、砂糖、しょうゆを順に加えて、そのつど混ぜ合わせ、汁けがなくなるまで中火で炒め煮にする。

3　粉とうがらし、白ごまを指で軽くつぶしながらを加え、サッと混ぜる(写真2)。

4　野菜のナムルをつくる。ほうれんそうのゆでナムルはP.21、にんじんの炒めナムルはP.22、ぜんまいの炒めナムルはP.23、大豆もやしの蒸し煮ナムルはP.24をそれぞれ参照にして、同じ分量の材料と手順で同様につくる。

5　ご飯を丼によそい、牛肉の炒め煮と野菜のナムルを彩りよくのせる。卵黄をのせてコチュジャンを添え、よく混ぜて食べる。

ご飯の上に彩りをそろえることで、おかずがなくても栄養バランスがとれる

「ビビンバ」は、肉の炒め煮や野菜のナムルをご飯にのせて、コチュジャンを加え、スッカラッで全体をよく混ぜてから食べます。日本では、カレーライスなどご飯に具やソースをかけた料理は、少しずつ混ぜながら食べますよね。でも韓国は、先に全部をよく混ぜきってから食べます。

「ビビンバ」に限らず、どんな料理でも、とにかくよく混ぜることが基本。ご飯に味がついた部分とそうでない部分、少しずつ味がついて変化していく過程を楽しむのが日本流ならば、すべての味を融合させた味わいを楽しむのが韓国流なのだろうと思います。

15ページの「五色チヂミ」でも説明していますが、韓国料理には、彩りを五色そろえて栄養バランスを整える習慣があります。「ビビンバ」にもその理念は生かされています。ナムルを1種類ずつ別につくるので手間はかかりますが、つくり方自体はシンプルで簡単。野菜をたくさん食べられるので、栄養的にも優れたメニューです。

［ビビンバ］

まぐろのユッケとお好みナムルのビビンバ

半端に残った野菜があると、よくナムルをつくります。ご飯にのせれば、即席ビビンバのでき上がり。野菜だけでは物足りないときには、刺身用の魚でユッケをつくり、いっしょに盛り合わせます。

材料(2人分)
まぐろのユッケ
- まぐろ(刺身用。赤身)　80g
- A
  - にんにく・しょうが(各すりおろす)　各少々
  - しょうゆ　大さじ1
  - 砂糖・酒・白ごま　各大さじ½
  - 粉とうがらし(中びき。韓国産)　小さじ1

好みのナムル5種類＊　各適量
えごまの葉　2枚
ご飯(温かいもの)　丼2杯分
うずらの卵黄　2コ分
コチュジャン　適宜

1人分660kcal　調理時間20分

＊P.18～25のナムルから好みのものを5種類選ぶ。
写真は、トマトの生ナムル、みょうがの生ナムル、大根の生ナムル(すべてP.18参照)、アスパラのゆでナムル(P.21参照)、なすの蒸しナムル(P.25参照)。

1　まぐろのユッケをつくる。まぐろは包丁でたたき、細かくする。
2　ボウルにAを混ぜ合わせて1のまぐろを加え、あえる(写真)。
3　P.18～25を参照し、好みのナムル5種類を同じ分量の材料と手順でつくる。
4　器の中央にえごまの葉を敷いて2のまぐろのユッケを盛り、3のナムルを周囲に盛る。ご飯を丼によそう。まぐろのユッケ、ナムル、えごまの葉、うずらの卵黄をご飯にのせ、好みでコチュジャンを添え、混ぜて食べる。具は一度にのせてもよいし、少しずつのせて混ぜながら食べてもよい。好みの食べ方でOK。

三色ビビンバ

もっと手軽に楽しむなら「三色ビビンバ」がおすすめ。色数が限られるので、五色以上に彩りには気を遣って。さっぱりした酸味があとをひき、食欲がないときでも食べられます。

材料（2人分）
たまねぎの生ナムル
- たまねぎ　1/2コ
- 塩　少々
- レモン汁　大さじ1
- ごま油・白ごま　各小さじ1

ピーマンの炒めナムル
- ピーマン（赤）　1コ
- ごま油　小さじ2
- 塩　少々
- 白ごま　小さじ1

牛肉の炒め煮（P.26参照）　全量
ご飯（温かいもの）　丼2杯分
コチュジャン　小さじ2

1人分680kcal　調理時間15分

1　たまねぎの生ナムルをつくる。たまねぎは縦に薄切りにし、水に5分間ほどさらして（写真1）水けを絞る。ボウルに入れ、塩、レモン汁、ごま油を順に加えて（写真2）混ぜ、白ごまを指で軽くつぶしながら加え、サッとあえる（写真3）。

2　ピーマンの炒めナムルをつくる。ピーマンはヘタと種を取り、縦に細切りにする。フライパンにごま油を熱してピーマンを入れ、塩をふってサッと炒める（写真4）。白ごまを指先で軽くつぶしながら加え（写真5）、混ぜる。バットに広げ、粗熱を取る。

3　牛肉の炒め煮は、P.26「五目ビビンバ」の手順1～3と同じ分量の材料と手順で同様にしてつくる。

4　ご飯を丼によそい、1～3を彩りよくのせてコチュジャンを添え、混ぜて食べる。

1
2
3
4
5

そのまま食事に使える石鍋とトゥッペギは、韓国独自の優秀な調理器具。

　この仕事を始めてまもなく、ソウルに旅行したときに市場に寄って、石鍋と、トゥッペギという韓国の土鍋を買ってきました。保温性が高く、そのまま食事に利用できるので、アツアツの料理を楽しむには最適です。石鍋といえば「石焼きビビンバ」を連想しますよね。でも実は「ビビンバ」は、石鍋を使わずに、器に盛ったご飯にナムルをのせるのが本式。「石焼きビビンバ」は、近年、登場した新しいスタイルなのですが、今ではこちらのほうがポピュラーになりました。僕は、どちらかというと〝本式〟派。ナムル自体のおいしさや、ナムルとご飯を混ぜたときの一体感を味わうには、断然、こちらのほうがたんのうできるように思うからです。

　石焼きの魅力は、カリッと香ばしいおこげができること。僕もおこげは大好きで、石鍋やトゥッペギでご飯物をつくるときは、アツアツに熱して、おこげを楽しんでいます。韓国では、ご飯を炊いたあとの釜に残ったおこげに水を加えて煮た「スンニュン」を、食後のお茶がわりに飲む習慣がありました。炊飯器の普及で現在はほとんど途絶えてしまいましたが、いまでも食後に出してくれる食堂もあります。素朴な味わいですが、ご飯のほんのりとしたやさしい甘みが、食後にはとても心地よいものです。

石焼きビビンバ

材料（2人分）とつくり方
P.26の「五目ビビンバ」と同じ分量の材料で手順1〜4と同様にしてつくる。石鍋またはトゥッペギ（日本の土鍋でもよい）を火にかけ、ご飯を入れて温める。牛肉の炒め煮と野菜のナムルを彩りよく盛り、卵黄をのせてコチュジャンを添え、混ぜて食べる。

スンニュン

材料（つくりやすい分量）とつくり方
石鍋またはトゥッペギ（日本の土鍋でもよい）にごま油少々を入れて火にかけ、ご飯適量を加えておこげをつくる。水適量を加え、白っぽくなるまで5分間ほど中火で煮る。

石鍋　　　トゥッペギ

トゥッペギは韓国の土鍋で、石鍋と同様に火に直接かけることができて、そのまま器として使う。「ビビンバ」以外に、「チゲ」や「スープ」などアツアツで供されるさまざまな料理に利用される。取っ手がないので、受け皿にのせたり移動させるときには、やけどしないように専用の器具（写真右）ではさんで運ぶ。

プルコギ

牛肉と野菜をつけだれにつけ込む時間は10分間がベストです。長くつけ込みすぎると、肉から水分がぬけてパサつきます。煮すぎると肉が堅くなるので、サッと仕上げることも大切。

材料(2人分)
牛肉(切り落とし) 150g
たまねぎ ¼コ
細ねぎ ¼ワ
生しいたけ 4枚
つけだれ
 ┌ しょうゆ 大さじ3
 │ 粉とうがらし(中びき。韓国産)・酒・白ごま・砂糖 各大さじ1
 │ にんにく(すりおろす) 1かけ分
 │ りんご(すりおろす) ¼コ分
 └ ごま油 大さじ1

1人分410kcal 調理時間15分*
＊具をつけだれにつけておく時間は除く。

1 たまねぎは縦に薄切りにする。細ねぎは5cm長さに切る。生しいたけは軸を取り除き、1cm幅に切る。
2 ボウルにつけだれのしょうゆ、粉とうがらし、酒、白ごま、砂糖、にんにく、りんごを合わせ(写真1)、最後にごま油を加えて混ぜる。
3 2に牛肉、たまねぎ、細ねぎ、しいたけを加えて手でもみ込み(写真2)、10分間ほどおく。
4 フッ素樹脂加工のフライパンを熱し、3をつけだれごと入れて中火で炒める(写真3)。肉の色が変わったら湯カップ¼を加えて(写真4)1〜2分間煮詰め(写真5)、器に盛る。

1
2
3
4
5

つけだれにりんごをすりおろして加え、肉を柔らかく仕上げる

すき焼きのように甘辛い味つけの「プルコギ」は、牛肉に下味をつけて炒め煮にする料理です。下味のつけだれに、りんごをすりおろして加えるのが、おいしく仕上げるポイントです。フルーツの酸には、肉を柔らかくする効果があります。

本来は、なしをすりおろしてつけだれに加えます。韓国では、なしは一年中手に入り、料理にもよく使いますが、日本では、なしは季節物で安く手に入るものではありません。僕は、ふだん、なしの代わりにりんごを利用しています。りんごの代わりに、市販のりんごジュース(果汁100%)を使ってもOKです。

また、仕上げに湯を加えて軽く煮詰めますが、これも、肉を柔らかく仕上げる効果があります。料理店では鉄板でつくるので、水を加えるようです。鉄板だと瞬時に温度が上がりますが、フライパンでつくる場合は、水だと温度が下がってしまうので、湯のほうがベターです。

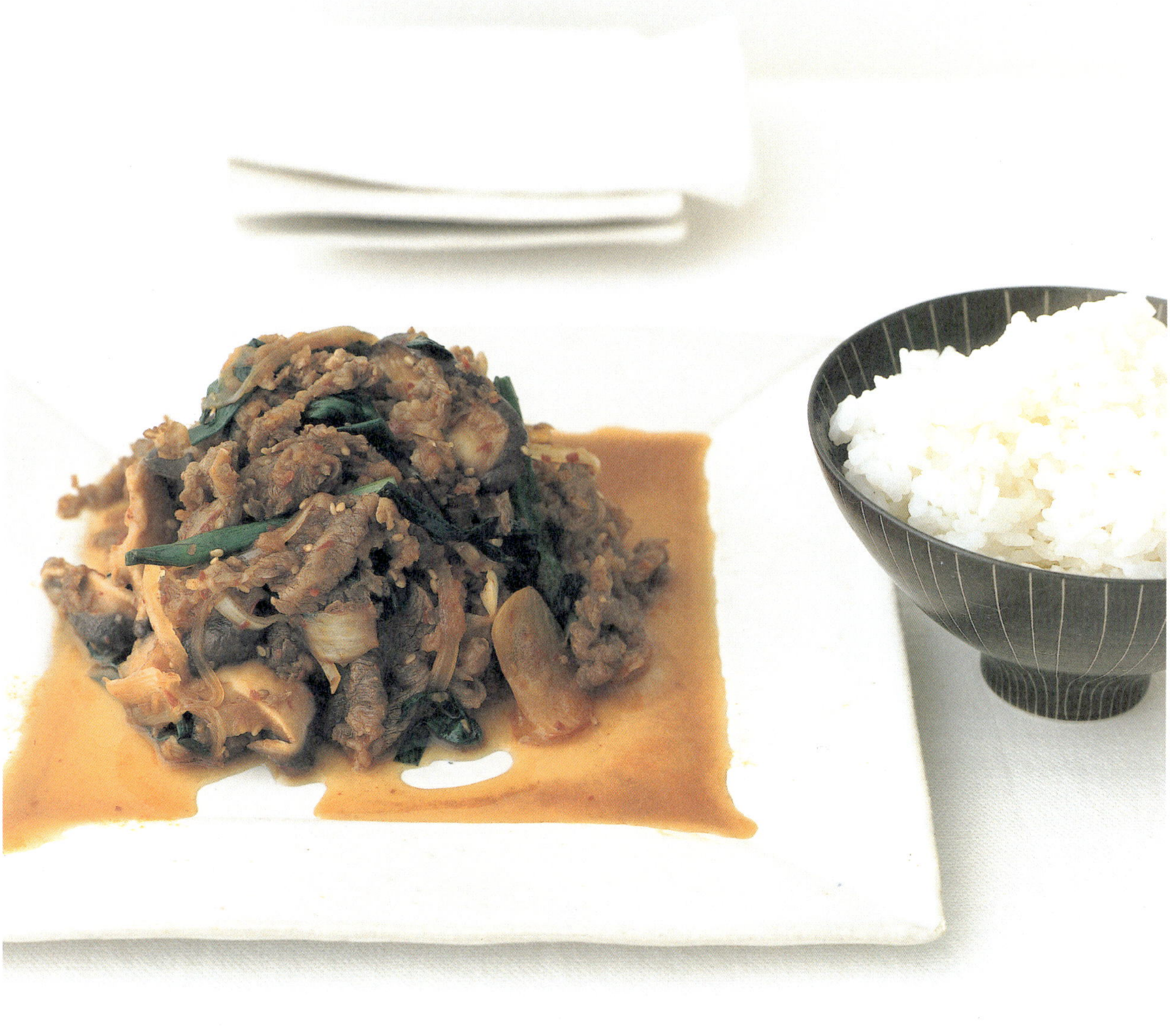

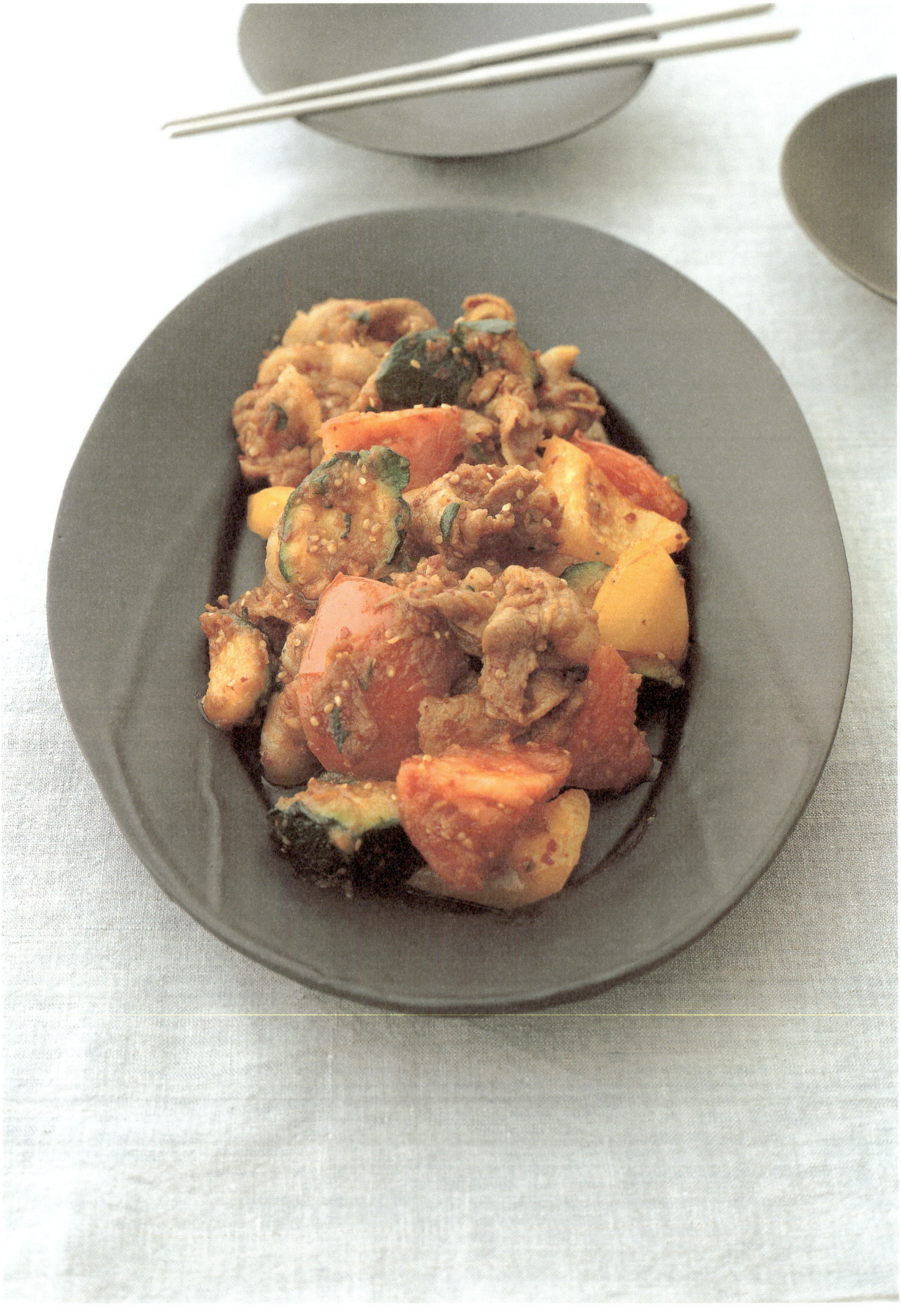

豚肉と野菜のプルコギ

「プルコギ」と同じつけだれを使って、豚肉でアレンジ。野菜をたっぷり使って彩りよく仕上げました。豚肉でつくる場合、韓国では「テジプルコギ（豚肉のプルコギ）」と呼ばれています。

材料（2人分）
豚バラ肉（薄切り）　150g
つけだれ
  しょうゆ　大さじ3
  粉とうがらし（中びき。韓国産）・酒・白ごま・砂糖　各大さじ1
  にんにく（すりおろす）　1かけ分
  りんご（すりおろす）　¼コ分
  ごま油　大さじ1
ズッキーニ　1本
トマト　1コ
ジャンボピーマン（黄）　1コ
ごま油　大さじ1

1人分530kcal　調理時間15分*
*具をつけだれにつけておく時間は除く。

1　豚肉は長さを半分に切る。
2　ボウルにつけだれのしょうゆ、粉とうがらし、酒、白ごま、砂糖、にんにく、りんごを合わせ、最後にごま油を加えて（写真1）混ぜる。
3　2に1の豚肉を加えてもみ込み、10分間ほどおく（写真2）。
4　ズッキーニとトマトはヘタを取り除き、一口大の乱切りにする。ジャンボピーマンはヘタと種を取り除き、一口大の乱切りにする（写真3）。
5　フッ素樹脂加工のフライパンにごま油を熱し、ズッキーニを入れて中火で炒める。焼き色がついたら3の豚肉をつけだれごと加え、肉の色が変わるまで炒める（写真4）。ジャンボピーマン、トマトを順に加えて炒め合わせ（写真5）、全体がなじんだら器に盛る。

タッカルビ

鶏肉と野菜をコチュジャン風味で炒めた辛い料理です。鶏肉に香ばしい焼き色をつけて野菜を加え、炒め合わせます。野菜は食感が残る程度に炒めたほうが、鶏肉とのバランスがよく、おいしく仕上がります。

材料（2人分）
- 鶏もも肉　1枚（300g）
- たまねぎ　½コ
- にら　¼ワ
- キャベツ　2枚
- A
  - コチュジャン　大さじ1½
  - 砂糖　小さじ1
  - しょうが・にんにく（各すりおろす）　各1かけ分
  - 酒　大さじ2
  - しょうゆ　小さじ2
  - 水　大さじ3
- 塩・黒こしょう（粗びき）　各少々
- ごま油　大さじ1
- 酒　大さじ1

1人分440kcal　調理時間15分

1　鶏肉は余分な脂を取り除いて大きめの一口大に切り、塩、黒こしょうをふる。たまねぎは1cm幅のくし形に切る。にらは4～5cm長さに切る。
2　Aを混ぜ合わせる。
3　フライパンにごま油を熱し、鶏肉を皮のほうを下にして並べ入れ、こんがりと焼き色がつくまで中火で両面を焼く（写真1）。酒を全体にふりかけ、ふたをして3～4分間蒸し焼きにする。
4　たまねぎを加えて炒め合わせ、たまねぎが透き通ってきたらキャベツを食べやすい大きさにちぎりながら加え（写真2）、サッと炒め合わせる。
5　2を加えて（写真3）混ぜ、全体に味をからめる（写真4）。にらを加えてサッと混ぜ、器に盛る。

甘みの効果で、ガツンとくる辛さではなく、じんわりとした辛さに仕上がる

「タッカルビ」は、焼き肉の鶏肉版のようなもので、本来は鉄板でつくるもの。僕はいつもフライパンでつくりますが、十分においしくできます。味つけのポイントは、合わせ調味料に砂糖を入れること。甘みが加わることで辛さとコクが引き立つのですが、ガツンとストレートな辛さではなく、じんわりとあとをひく辛さに仕上がり、これが「タッカルビ」のおいしさなのです。「タッカルビ」には、どんな野菜も合うので、好みのものを自由に組み合わせてみてください。僕も、秋はきのこ、冬は大根、夏はなすなど、旬の野菜で季節ごとに違うおいしさを楽しんでいます。
韓国では、「タッカルビ」を楽しんだあとは、日本の鍋料理のように、ご飯、めん、トックなどを混ぜて、〆にします。すき焼きのように、翌日のごはんとしても楽しめるので、分量を倍量にして一度にたっぷりつくってもOKです。

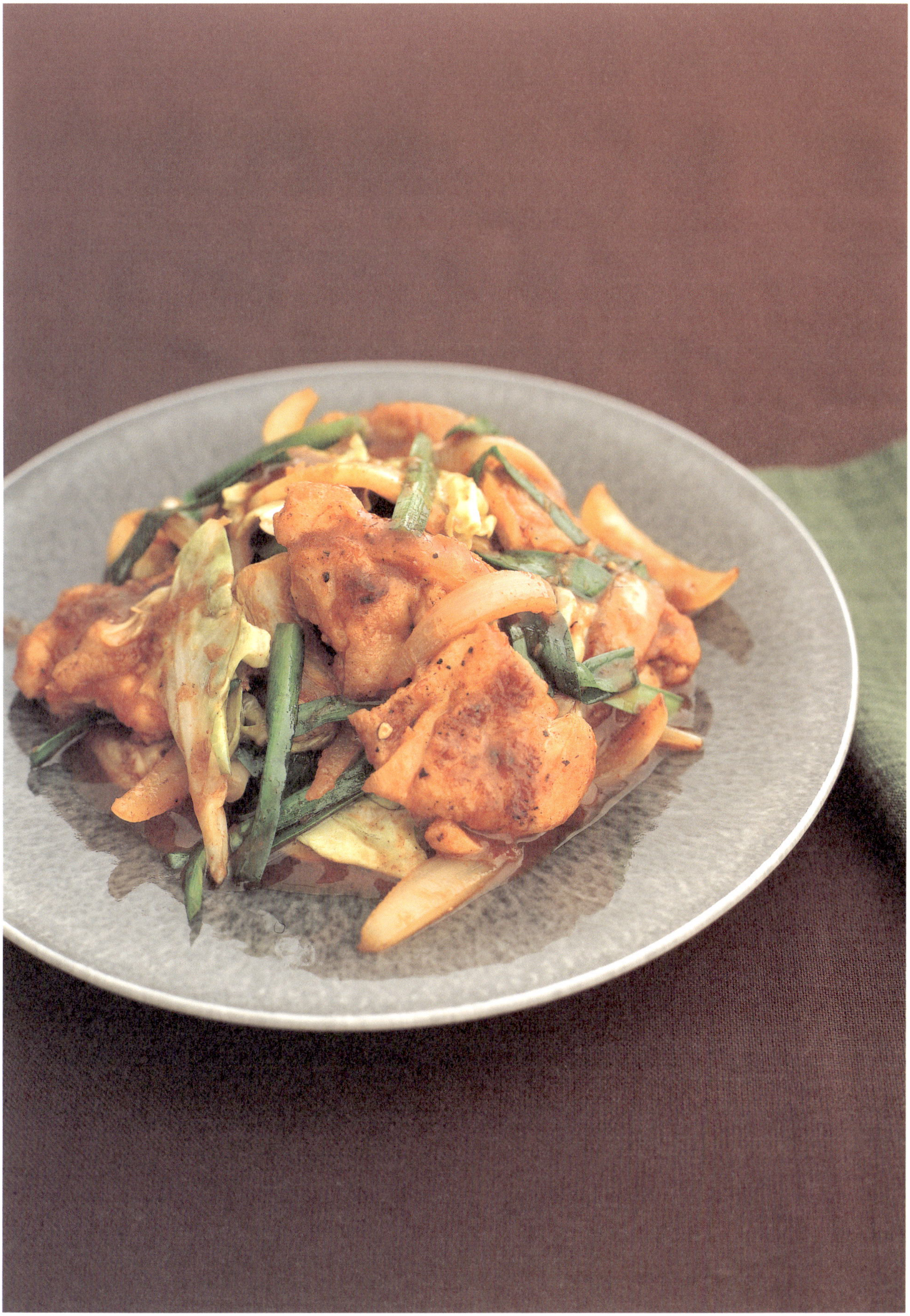

タッカルビの〆に

残った「タッカルビ」で楽しむ4つの〆料理。「タッカルビ」に限らず、韓国では鉄板や鍋のあと、ご飯、トック、うどんやラーメンなどのめんを加えて〆にします。

うどんで焼きうどんに タッカルビうどん

材料(2人分)
冷凍うどん　2玉
残ったタッカルビ　適量
ごま油　少々
白ごま　小さじ1

1人分420kcal　調理時間5分

1　冷凍うどんは熱湯でサッとゆでる。
2　フライパンにごま油を熱し、うどん、残ったタッカルビを加えて中火でサッと炒め合わせる。器に盛り、白ごまを散らす。

ご飯でチャーハンに タッカルビチャーハン

材料(2人分)
ご飯(温かいもの)　茶碗2杯分
残ったタッカルビ　適量
ごま油　少々
しょうゆ・粉とうがらし(中びき。韓国産)
　各少々

1人分420kcal　調理時間5分

1　フライパンにごま油を熱し、残ったタッカルビ、ご飯を入れて中火で炒め合わせる。
2　全体がよく混ざったら、しょうゆを加えてサッと混ぜる。器に盛り、粉とうがらしをふる。

スパゲッティで韓国風パスタに
タッカルビパスタ

材料(2人分)
スパゲッティ　160g
残ったタッカルビ　適量
塩　大さじ1
黒こしょう(粗びき)　少々

1人分450kcal　調理時間10分

1　鍋に2ℓの湯を沸かして塩を入れ、スパゲッティを袋の表示時間より1分間短くゆでる。ゆで汁はとっておく。
2　残ったタッカルビの鶏肉を取り出して2cm角に切り、残りの具といっしょにフライパンに入れる。1のゆで汁をおたま1杯弱分加え、とろみがついてくるまで中火で煮る。
3　ゆで上がったスパゲッティを2に加え、よくからめて器に盛り、黒こしょうをふる。

トックでトッポギ風に
タッカルビトック

材料(2人分)
トック　100g
残ったタッカルビ　適量
ごま油　少々

1人分260kcal　調理時間5分

1　トックは水でサッと洗い、水けをきる。
2　フライパンにごま油を熱し、トック、残ったタッカルビを入れて中火で炒め合わせる。

タッカンマリ

「タッカンマリ」とは「鶏一羽」という意味。鶏一羽をブツ切りにして、じゃがいもやねぎとともに鍋で煮込んで、粉とうがらしベースの「タテギ」をつけて食べる料理です。

材料(2人分)
鶏もも肉(骨付き。ブツ切り)　1本分(約350g)
じゃがいも　2コ
ねぎ　1本
春菊　¼ワ
A ┌ 酒　カップ1
　├ にんにく(つぶす)　2かけ分
　├ しょうが(薄切り)　2枚
　└ 塩　小さじ½
細ねぎ　2〜3本
タテギ*
　┌ 粉とうがらし(中びき。韓国産)　大さじ1
　├ にんにく(すりおろす)　½かけ分
　├ 練りがらし　適量
　└ しょうゆ・酢　各大さじ1
塩・黒こしょう(粗びき)　各少々

1人分410kcal　調理時間40分
＊粉とうがらしをベースにした合わせ調味料。

1　鶏肉は水でサッと洗って水けをふき、塩、黒こしょうをふる。じゃがいもは皮をむいて半分に切る。ねぎは青い部分と白い部分に分け、白い部分は5cm長さに切る。春菊は5cm長さに切る。

2　細ねぎは2cm長さに切り、タテギの材料と混ぜ合わせる(写真1)。

3　土鍋(または鍋)に水カップ6、A、ねぎの青い部分を入れて煮立たせる。鶏肉を加えてふたをし、弱めの中火で10分間ほど煮る。

4　じゃがいもを加え(写真2)、ねぎの青い部分を取り出す。ふたをして弱めの中火で20分間ほど煮る。ねぎの白い部分を加えて2〜3分間煮て、春菊を加えてサッと煮る。

5　器に取り分け、2を好みの量のせて食べる。

柔らかく煮込んだ鶏肉はもちろん、スープを含んで煮上がるじゃがいももおいしい

韓国の肉料理といえば"牛肉"と連想する方が多いかもしれませんが、鶏肉を使った料理もたくさんあります。

この「タッカンマリ」は、本来は鶏一羽でつくるものですが、もっと手軽にできるように、ブツ切りの鶏肉を使ったレシピにアレンジしました。柔らかく煮込んだ鶏肉はもちろん、うまみがたっぷり出た滋養豊かなスープも絶品。38〜41ページの「タッカルビ」で紹介したように、最後に、ごはん、めん、トックなどを加えて〆にし、スープを余すことなくいただきましょう。

肉につけて食べる「タテギ」は、韓国の家庭ではよく使われるピリッと辛い合わせ調味料。ほかの料理にも使えるので、覚えておくと便利です。韓国のタッカンマリ専門店では、卓上に「タテギ」の材料が備えてあり、各自で好みの辛さに仕上げます。

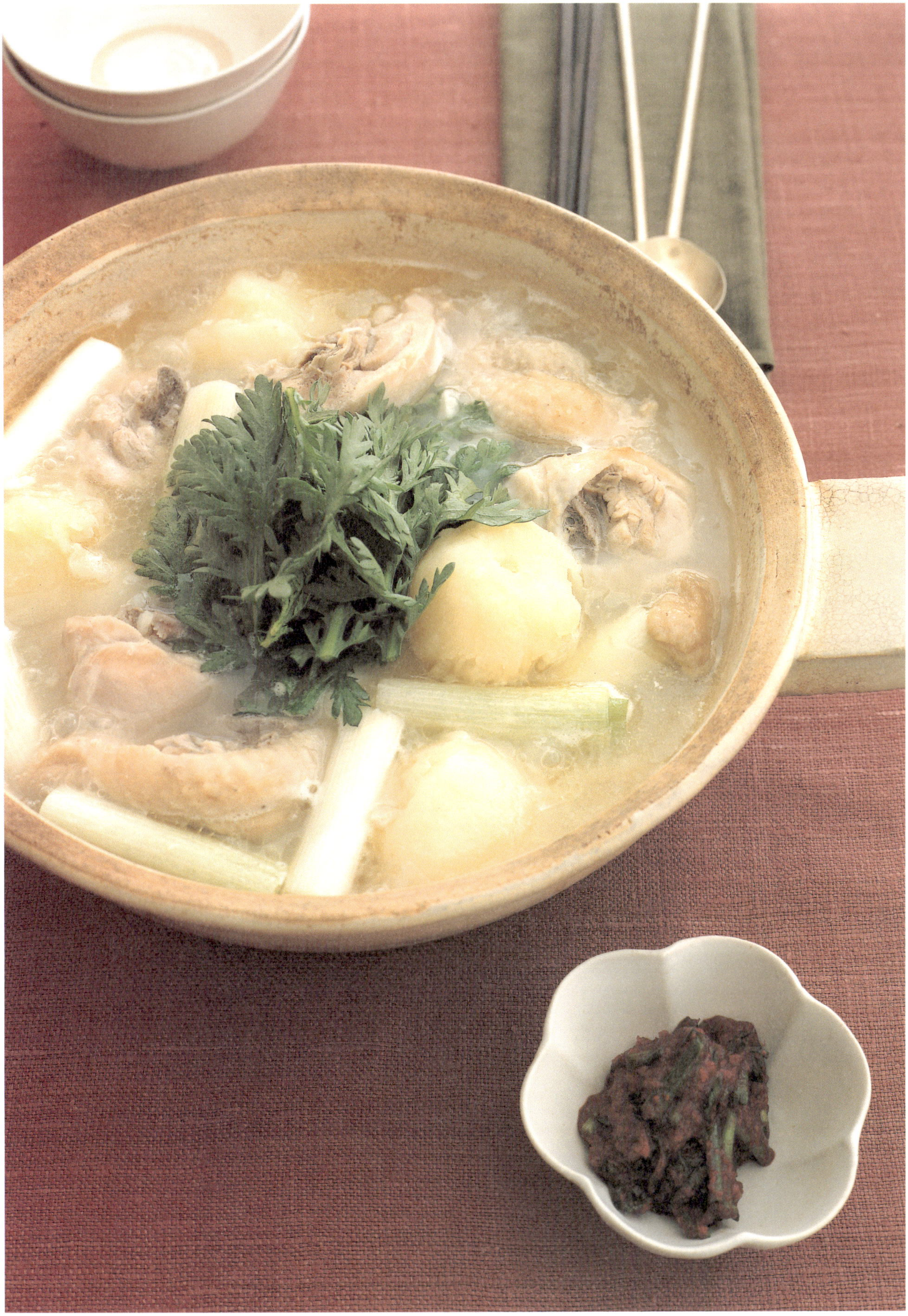

豚肉のポッサム

「豚肉のポッサム」は、ゆでた豚肉を白菜キムチや葉野菜で包んで食べる料理。"ポッサム"の"サム"は"包む"という意味です。あみの塩辛やサムジャンとともに、自由に組み合わせて楽しみましょう。

材料(つくりやすい分量*)
豚バラ肉(かたまり)　400〜500g
A ┌ 塩　小さじ1
　├ 酒　カップ¼
　├ ねぎ(青い部分)　1本分
　├ にんにく　1かけ
　└ しょうがの皮　適量
白菜キムチ　150g
サニーレタス・えごまの葉　各適量
あみの塩辛(あれば)　大さじ1
サムジャン(P.47参照)　適量
ご飯(温かいもの)　適量

1人分680kcal　調理時間45分
*だいたい3〜4人分の分量。

1　豚肉は縦半分に切り、Aとともに鍋に入れ、肉がかぶるくらいの水を加えて強火にかける(写真1)。煮立ったら弱火にし、肉の表面がゆで汁から出ないようにペーパータオルをかぶせ、20分間ほどゆでる。そのまま冷まし、粗熱を取る(写真2)。
2　白菜キムチは食べやすい大きさに切る。
3　1の鍋から肉を取り出し、繊維に沿って薄切りにする(写真3)。器に盛り、サニーレタス、えごまの葉、白菜キムチ、あみの塩辛、サムジャン、ご飯を添える。
※ゆで汁はP.46の「温めん」に利用するとよい。

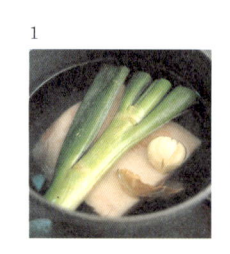

サニーレタス、えごまの葉、白菜キムチに豚肉またはご飯をのせ、白菜キムチ(葉野菜で包む場合)、あみの塩辛、サムジャンをのせ、クルッと巻いて食べる。

ゆでた豚肉は余分な脂が落ち、ジューシーなうまみだけが残る

豚肉はゆでることで余分な脂が落ちてさっぱりとし、ジューシーなうまみだけが残ります。冷めてもおいしく食べられますが、冷蔵保存は避けてください。冷蔵庫に入れると固まった脂を溶かそうと電子レンジにかけるとパサついて口当たりが悪くなります。食べるときにつくり、食卓に並べるまでは室温におくことをおすすめします。

肉を巻く葉野菜はサニーレタス、えごまの葉以外にも、サンチュなど好みのものでOKです。

「豚肉のポッサム」には、白菜キムチやあみの塩辛は付き物。キムチの材料にも使われるあみの塩辛は、肉の消化を助ける役目をするといわれています。ここにも薬食同源がちゃんと生かされているんですね。

また、豚肉のうまみがたっぷり出たゆで汁は、捨てるにはもったいない。僕はいつも、ゆで汁はむだにせず、「温めん」(46ページ参照)のスープとして活用しています。

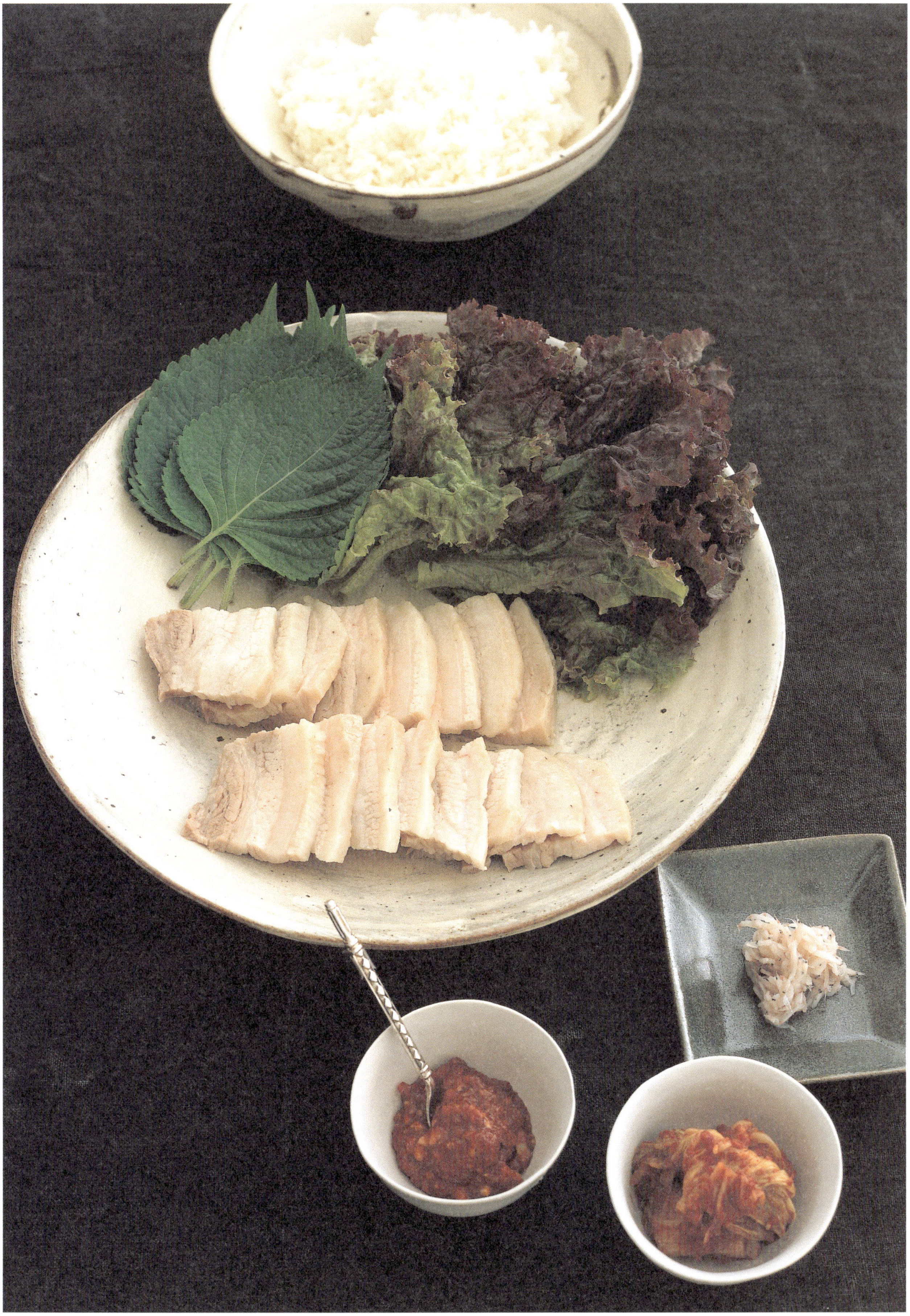

「豚肉のポッサム」の豚肉のゆで汁で、もう1品

「豚肉のポッサム」の〆に、または翌日のごはんに。

温めん

豚肉のうまみがたっぷり出たゆで汁をスープに。めんは、うどん、そば、ラーメンなど好みのものでもOK。

材料（2人分）
そうめん　2ワ
豚肉のゆで汁　カップ3
しょうゆ　小さじ2
白ごま　大さじ1
粉とうがらし（中びき。韓国産）　小さじ2
黒こしょう（粗びき）　適量

1人分260kcal　調理時間5分

1　豚肉のゆで汁をざるでこしながら鍋に入れ（写真）、強火にかける。煮立ったらしょうゆを加え、1分間ほど中火で煮る。
2　そうめんは袋の表示どおりにゆでて湯をきり、器に盛る。
3　2に1をかけ、白ごま、粉とうがらしを散らし、黒こしょうをふる。

サムジャン

「サムジャン」は、みそに香味野菜や調味料をミックスした韓国の味つけみそです。ご飯にのせたり、野菜につけたりして食べます。「豚肉のポッサム」（44ページ参照）や「サムギョプサル」（52ページ参照）など、肉にのせて食べるのもおすすめです。

ご飯にのせて葉野菜で包む
えごまの葉、サンチュ、サニーレタスなど好みの葉野菜にご飯、サムジャンをのせて包んで食べる。葉野菜の代わりに、韓国のりで包んでもおいしい。

野菜スティックのディップに
にんじん、大根、きゅうり、セロリなど好みの野菜をスティック状に切り、サムジャンをつけながら食べる。

材料（つくりやすい分量）とつくり方
みそ・コチュジャン各大さじ2、ごま油・レモン汁・砂糖各小さじ1、みじん切りにしたねぎ（白い部分）大さじ1をボウルに合わせ（写真）、混ぜる。

全量210kcal　調理時間3分
※密封容器に入れて冷蔵庫で約1週間保存可能。

本来は韓国産みそを使うが、日本のみそでも十分おいしくできる

「サムジャン」は、韓国だけでなく、最近は日本でも市販されていますが、本来は家庭でつくる常備菜です。僕の家でも、母手製の「サムジャン」が常に冷蔵庫にありました。いろいろな材料や調味料を加えるのですが、手軽にできるように、僕流にアレンジしてできた「サムジャン」を紹介しています。本来は"テンジャン"という韓国産みそを使いますが、日本のみそで十分。僕はいつも、日本のみそでつくっています。

「サムジャン」は、簡単にできてシンプルなわりには、味に深みがあっておいしいものです。冷蔵庫に常備しておくと、ほかにおかずがないときでも、これさえあれば、ご飯をおいしくいただけます。また、ドレッシングやディップ代わりに手軽に野菜をとることもできます。つけみそ以外にも、煮込み料理の仕上げに「サムジャン」を大さじ1ほど入れるとコクが出て、おいしく仕上がるので、ぜひ試してみてください。

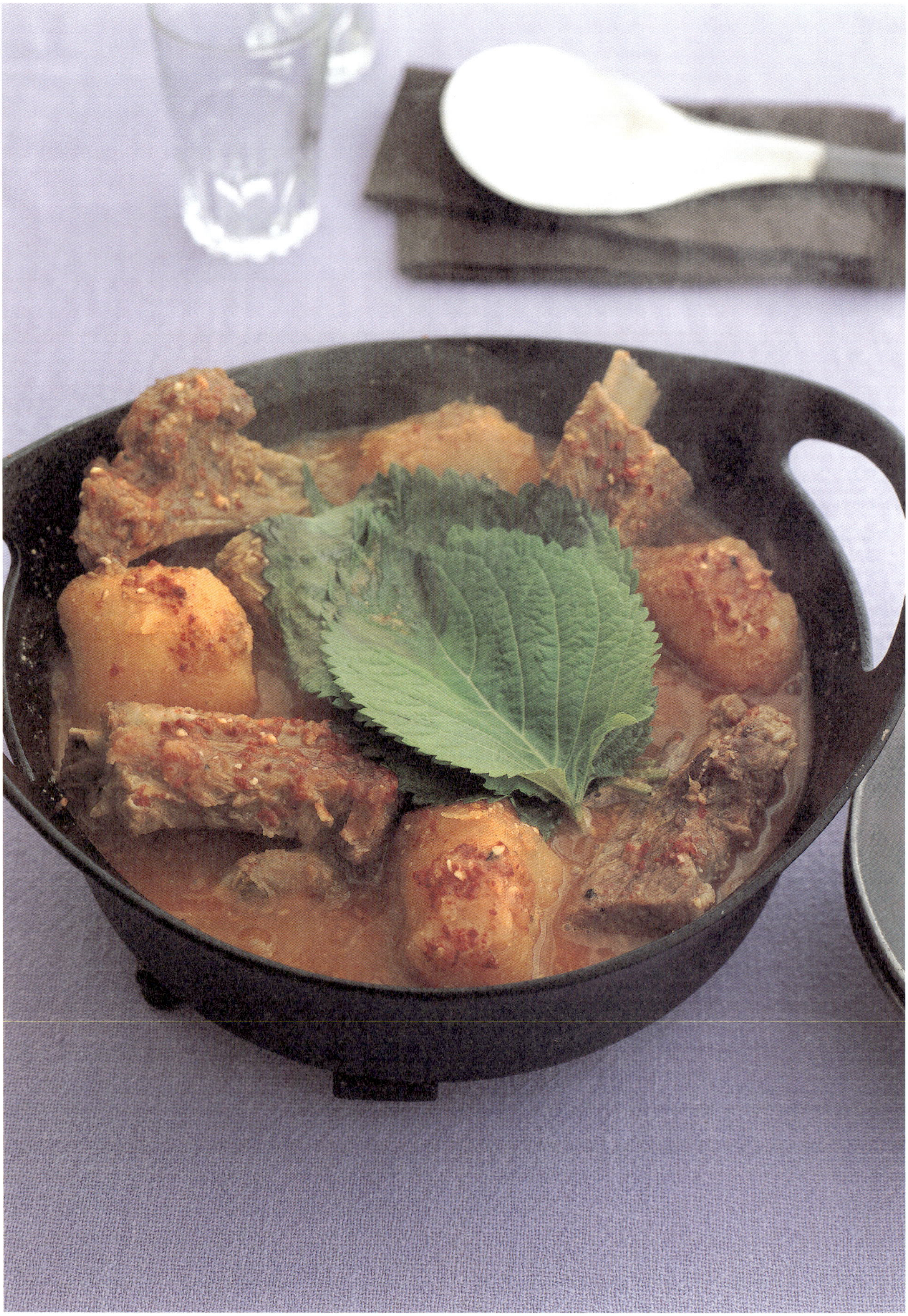

カムジャタン

"カムジャ"はじゃがいも、"タン"はスープ。直訳すると、「じゃがいものスープ」になりますが、「カムジャタン」は、骨付き豚肉とじゃがいもを煮込んだ鍋料理です。程よい辛みで、体がじんわりと温まります。

材料（2人分）
豚スペアリブ　6本
じゃがいも　2コ
えごまの葉　1ワ
A ┌ コチュジャン・みそ・酒　各大さじ2
　│ にんにく・しょうが（各すりおろす）
　│ 　各1かけ分
　│ 砂糖　大さじ1
　│ 粉とうがらし（中びき。韓国産）
　└ 　大さじ1
塩・黒こしょう（粗びき）　各少々
ごま油　大さじ1
すりごま（白）　大さじ1

1人分720kcal　調理時間45分

1　スペアリブはフォークで数か所刺して穴をあけ（写真1）、塩、黒こしょうをふる。これを鍋に入れ、たっぷりの水を加えて強火にかける。沸騰したら（写真2）肉を取り出し、湯を捨てる。
2　じゃがいもは皮をむき、半分に切る。
3　Aを混ぜ合わせる。
4　別の鍋にごま油を熱し、1の肉を入れて中火で両面をこんがりと焼きつける（写真3）。
5　4に3を加えてサッと炒め、水カップ5を加えて煮立てる。アクを取ってふたをし、弱めの中火で10分間煮る。じゃがいもを加え（写真4）、ふたをして約20分間煮る。
6　すりごまを散らし、えごまの葉をのせる。

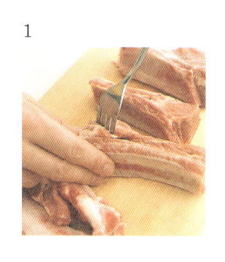

手に入りにくい背骨肉をスペアリブで代用し、あっさりと仕上げる

「カムジャタン」は、韓国料理にそう詳しくない人でも知っているほど、日本でも人気。もちろん、韓国でも人気が高いポピュラーな料理です。

僕が「カムジャタン」に出会ったのは、実は韓国料理店。初めて食べたときにそのおいしさに感激し、自分でもつくりたいと思ったものです。ただし、日本では本来のレシピどおりにつくるのは難しいので、僕なりに研究してレシピを生み出しました。豚肉は背骨肉を使いますが、日本では手に入りにくいので、同じ骨付きのものでと考えてスペアリブで代用。煮汁も豚の骨から出たうまみをベースとした濃厚な味わいなのですが、日本人の口に合うように、あっさりとしたマイルド仕立てに変えました。また、「カムジャタン」は、えごまの葉の香りをきかせるのがポイントなので、これでもか、というほどたっぷりと入れて楽しんでください。

韓国風肉じゃが

日本の肉じゃがにそっくりな、韓国の定番家庭料理。具も調味料も似ていますが、粉とうがらしで辛みをつけるのがポイントです。甘辛い味つけが、白いご飯によく合います。

材料(2人分)
牛肉(切り落とし) 200g
じゃがいも 2コ
たまねぎ ½コ
にんじん (小)1本
にんにく 1かけ
塩・黒こしょう(粗びき) 各少々
ごま油 大さじ1
砂糖・みりん・酒 各大さじ1
粉とうがらし(中びき。韓国産) 大さじ2
しょうゆ 大さじ2

1人分610kcal　調理時間30分

1　牛肉は塩・黒こしょうをふる。じゃがいもは皮をむいて4等分に切る。たまねぎは6等分のくし形に切る。にんじんは一口大の乱切りにする。にんにくは薄切りにして芯を取る。

2　フライパンにごま油を中火で熱し、にんにくを入れ、うっすらと色づくまで炒めて(写真1)取り出す。

3　2のフライパンに残った油でじゃがいもとにんじんを中火で炒める。油がなじんだらたまねぎを加えてサッと炒め(写真2)、水カップ2½を加えて煮立たせる。

4　砂糖、みりん、酒、粉とうがらしを加え(写真3)、中央に穴をあけたオーブン用の紙で落としぶたをし(写真4)、野菜が柔らかくなるまで弱火で10～15分間煮る。

5　しょうゆを加えて中火にし、牛肉を全体に広げてのせ(写真5)、汁けが少し残るくらいまで煮詰める。器に盛り、2のにんにくを散らす。

辛みと肉のうまみを含んだじゃがいもが最高においしい

「韓国風肉じゃが」には、粉とうがらしの代わりにコチュジャンでコクのある辛みをつけるレシピもあります。僕はどちらのレシピでもつくっていますが、この本では、粉とうがらしの辛みを受け入れて、日本の食卓でもすんなりと受け入れられる味つけだと思います。日本の「肉じゃが」と優劣つけがたい一品です。

この料理は、主役の牛肉はもちろんですが、肉のうまみが出た煮汁を含んだじゃがいもが最高においしい。「タッカンマリ」(42ページ参照)や「カムジャタン」(48ページ参照)もそうですが、韓国には、肉とじゃがいもを組み合わせて煮込む料理が数多くあります。きっと、じゃがいものおいしい食べ方を熟知しているからなのでしょうね。

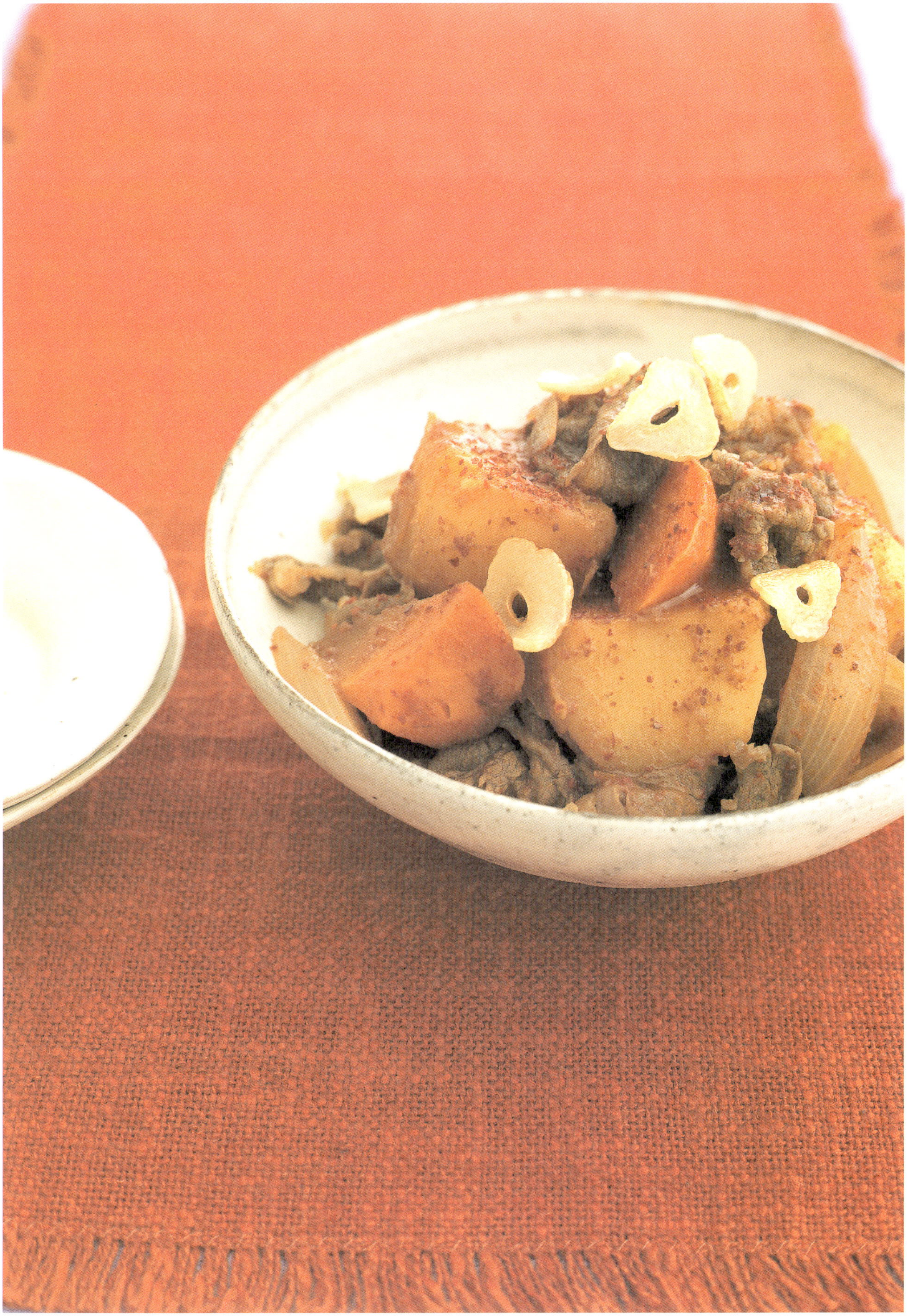

韓国の焼き肉といえば「サムギョプサル」。野菜もたっぷりとれてヘルシー。

日本で焼き肉といえば牛肉。でも韓国で"焼き肉を食べに行こう"というと、牛肉よりも豚肉が圧倒的に多いのです。代表的なのが「サムギョプサル」で、豚三枚肉（豚バラ肉）の焼き肉です。「サムギョプサル」のおいしさは、サムギョプサル専用鍋で焼くところにあります。焼く間に余分な脂が落ちて、うまみだけが残るように、豚肉をおいしく食べるために計算し尽くされた構造になっているのです。残念ながら、日本では専用鍋を入手するのは難しいので、ホットプレートで代用してください。その場合、豚肉から出る脂をペーパータオルでていねいにふき取りながら焼くことがおいしく仕上げるコツです。

韓国の焼き肉スタイルは日本とは少し違います。焼き上がった肉は、ごま塩だれや薬味じょうゆだれにつけて、サンチュやサニーレタス、えごまの葉などで巻いて食べるのといっしょに包んで食べます。付け合わせには生のとうがらしが出てきますが、韓国のとうがらしは辛さがマイルド。サムジャンやコチュジャンをつけて、生野菜のようにそのままバリバリと食べるのが普通です。にんにくや白菜キムチもいっしょにとれるので、同時に野菜もたっぷりとれるのです。

サムギョプサル

材料(4人分)

豚バラ肉(かたまり)600g／にんにく(薄切り)2かけ分／サニーレタス・えごまの葉・白菜キムチ・生とうがらし＜青・赤＞各適量／塩・黒こしょう(粗びき)各適量／ごま塩だれ(ごま油大さじ2、塩少々)／薬味じょうゆだれ(しょうゆ・酢各大さじ2、ねぎ＜白い部分＞5cm、細ねぎ2本)／コチュジャン・サムジャン(P.47参照)各適量

1人分530kcal

1　豚肉は繊維に沿って5mm厚さに切り、塩、黒こしょうをふる。
2　たれ2種をつくる。ごま塩だれの材料を混ぜ合わせる。薬味じょうゆだれのねぎは白髪ねぎにし(縦に切り開き、芯を取って縦に細く切って冷水にさらし、水けをきる)、細ねぎは5cm長さに切って、調味料と混ぜ合わせる。
3　サムギョプサル専用鍋(ホットプレートでもよい)に豚肉、にんにくを並べ、両面をこんがりと焼く。2のたれ2種、またはコチュジャン、サムジャンをつけ、サニーレタス、えごまの葉、白菜キムチ(好みで焼く)で巻いて食べる。生とうがらしはサムジャンやコチュジャンをつけてそのまま食べる。

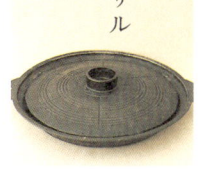

サムギョプサル専用鍋

豚肉から出る脂が流れ落ちるように、二重構造になっている。韓国では、業務用とは別に、家庭用の手ごろなサイズも市販されている。

カルチチョリム

太刀魚を大根とともに辛く煮つけた「カルチチョリム」は韓国の代表的な魚料理。「カルチ」は「太刀魚」、「チョリム」は「煮つけ」という意味です。コチュジャンベースの煮汁で、淡泊な太刀魚にコクがつきます。

材料(2人分)
太刀魚(切り身) 2切れ
大根 ¼本
ねぎ(白い部分) 1本分
ヤンニョム
┌ コチュジャン 大さじ2
│ しょうゆ・みりん 各大さじ1
│ 砂糖 大さじ½
│ にんにく・しょうが(各すりおろす)
└ 各1かけ分
塩 少々
粉とうがらし(中びき。韓国産) 大さじ1
大根の葉 適宜

1人分350kcal 調理時間30分

1 太刀魚は塩をふり、5分間ほどおく。
2 大根は皮をむき、包丁で切り込みを少し入れてから、大きめの一口大に割る(写真1)。ねぎは3cm長さに切る。
※大根は手で割ると断面がざっくりとし、包丁で切るよりも味のしみ込みがよい。
3 鍋に2の大根とたっぷりの水を入れて中火にかけ、15分間ほどゆでる。
4 ヤンニョムの材料を混ぜ合わせる。
5 大根が竹ぐしを刺してスッと通るほど柔らかくなったら取り出し、ゆで汁をカップ3とっておく。残りのゆで汁を捨てて大根を戻し入れ、平らに広げて1の太刀魚をのせる(写真2)。
6 4を太刀魚の上に流し入れて(写真3)全体にぬり広げ、2のねぎ、5のゆで汁(写真4)、粉とうがらしを加え、途中、煮汁を回しかけながら中火で10分間ほど煮る(写真5)。好みの長さに切った大根の葉を加え、1〜2分間煮る。

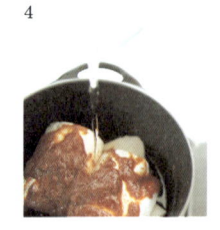

1　2　3　4　5

太刀魚は大根の上にのせて煮るので皮が破けず、きれいに煮上がる

韓国でも魚に恵まれた済州島(チェジュド)出身の母がよくつくってくれたのは、粉とうがらしをたっぷり使った、さっぱりとした辛さの「カルチチョリム」でした。この本では、コチュジャンベースのヤンニョムを使った、しっかりとした味わいのレシピを紹介しています。ヤンニョムとは、味つけをする調味料や香辛料の総称です。僕の「カルチチョリム」は、太刀魚にコチュジャンでコクをつけ、粉とうがらしで辛みをキリッときかせます。

韓国の魚の煮つけ方には独特の方法があります。大根は別鍋で先にゆでしまいません。一つの鍋で先に大根に火を通してから太刀魚を加え、いっしょに煮ます。太刀魚は大根にのせて煮るので、皮が破けずきれいに仕上がります。同時に、大根が魚のうまみを含みやすくする効果もあるのです。太刀魚の味つけとなるヤンニョムは太刀魚の表面にぬりつけますが、これは太刀魚によく味をなじませるためです。

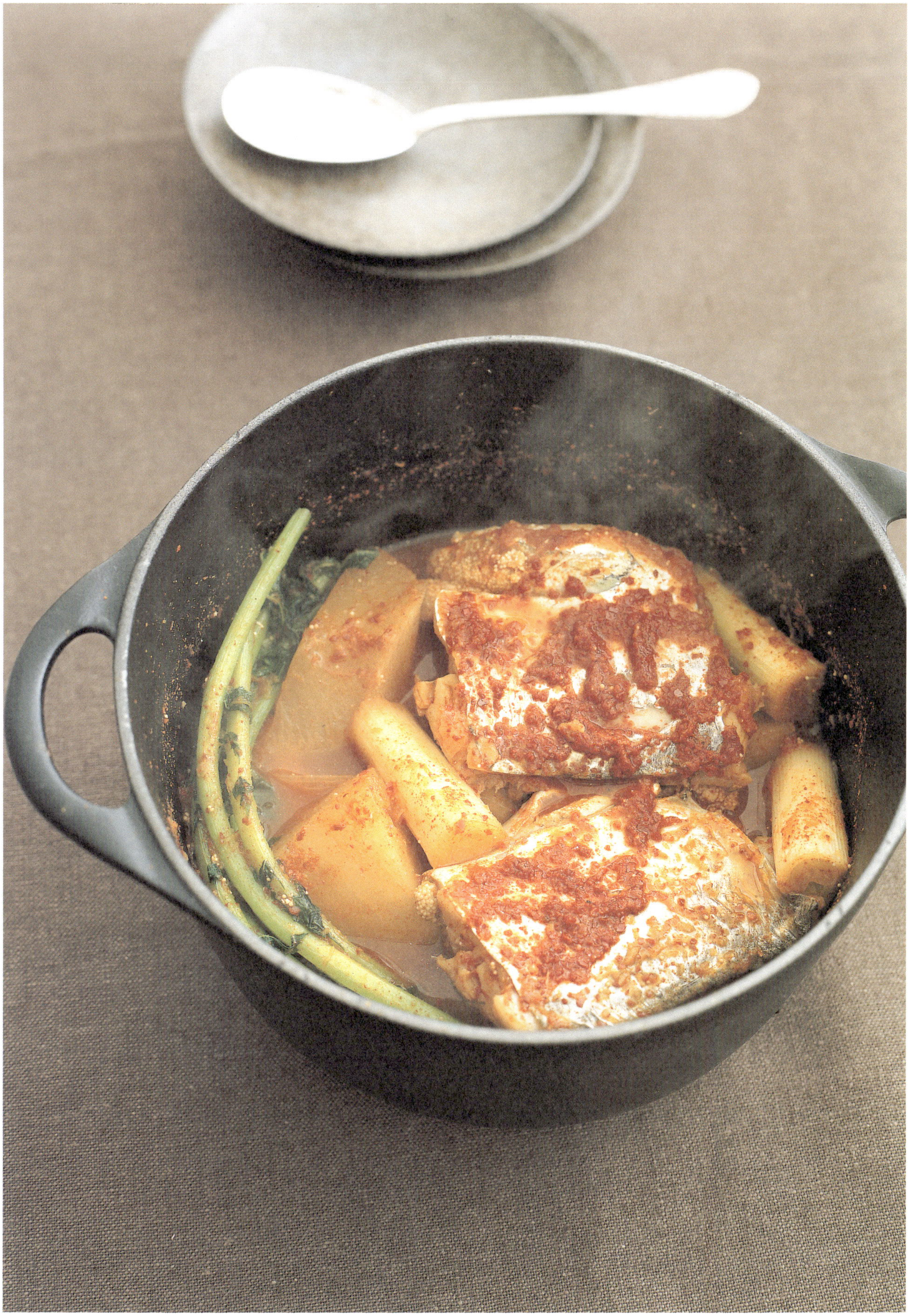

さばのキムチ煮

さばとキムチは「豚キムチ」以上に好相性。相乗効果で互いのうまみを引き出します。さばはクセが抑えられ、キムチはとがった酸味と辛みがマイルドに。

材料（2人分）
さば（切り身）　2切れ
白菜キムチ　150g
にら　3〜4本
A ┌ しょうゆ　大さじ2
　│ みりん・酒　各大さじ1
　└ 水　カップ1
塩・黒こしょう（粗びき）　各少々

1人分230kcal　調理時間20分

1　さばは味の含みをよくするために皮のほうに切り目を入れ（写真1）、塩、黒こしょうをふる。白菜キムチは食べやすい大きさに切る。にらは7〜8cm長さに切る。

2　フライパンにAを合わせて中火にかけ、煮立ったら1のさばを加える（写真2）。オーブン用の紙の中央に穴をあけて落としぶたにし（写真3）、弱めの中火にして10分間ほど煮る。

3　白菜キムチを加えて（写真4）中火で5分間ほど煮る。にらを加え、サッと混ぜて火から下ろす。

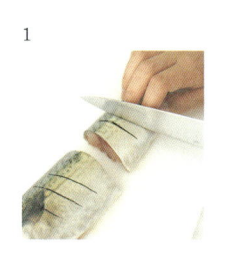

かれいのコチュジャン煮

「カルチチョリム」のように粉とうがらしは使わず、こっくりとした味つけに煮上げます。もしあれば、子持ちかれいのほうがさらにおいしくなるので、おすすめです。

材料（2人分）
かれい（切り身）　2切れ
ねぎ（白い部分）　1本分
にんにく　2かけ
生とうがらし（青）　2本
塩・黒こしょう（粗びき）　各少々
A ┌ コチュジャン・みりん　各大さじ2
　└ しょうゆ・酒　各大さじ1
ごま油　大さじ1
酒　カップ½

1人分290kcal　調理時間20分

1　かれいは味の含みをよくするために皮のほうに十文字に切り目を入れ、塩、黒こしょうをふる。
2　ねぎは長さを2等分に切り、半量はみじん切りにし、残りは白髪ねぎにする（5cm長さに切って縦に切り開き、芯を取って縦に細く切り、冷水にさらして水けをきる）。にんにくは包丁の腹でつぶす。
3　Aと2のみじん切りにしたねぎを混ぜ合わせる。
4　フライパンにごま油、にんにくを入れて弱火にかけ、じっくりと炒める（写真1）。香りがたったら水カップ½、酒を加える（写真2）。煮立ったら、かれいを加えて（写真3）オーブン用の紙の中央に穴をあけて落としぶたをし、10分間ほど煮る。
5　4に3と生とうがらしを加え、途中、煮汁を回しかけながら（写真4）、弱火で5分間ほど煮る。器に盛り、白髪ねぎをのせる。

ナッチポックム

"ナッチ"は"たこ(手長だこ)"、"ポックム"は"炒め物"。「ナッチポックム」は、"たこのピリ辛炒め"です。僕は辛めのほうが好きですが、粉とうがらしの分量は加減して、好みの辛さに調節してください。

材料(2人分)
ゆでだこの足　200g
たまねぎ　½コ
にら　2~3本
もやし　½袋
A ┌ コチュジャン・しょうゆ　各大さじ1
　├ 砂糖　小さじ2
　├ にんにく・しょうが(各すりおろす)
　│　各1かけ分
　└ 水　カップ½
かたくり粉　大さじ½
ごま油　大さじ1
粉とうがらし(中びき。韓国産)・白ごま　各適量

1人分240kcal　調理時間10分

1　ゆでだこの足は一口大に切る(写真1)。たまねぎは縦に薄切りにする。にらは5cm長さに切る。
2　Aを混ぜ合わせる。
3　かたくり粉は水大さじ1で溶く。
4　フライパンにごま油を熱し、たまねぎともやしを入れて中火で炒める。しんなりしたら2を加えて(写真2)軽く煮、たこを加えて(写真3)混ぜる。
5　4に3の水溶きかたくり粉を回し入れて手早く混ぜ、とろみをつける。にらを加えてサッと混ぜ、器に盛る。粉とうがらし、白ごまを散らす。

本来は生だこでつくるが、ゆでだこで代用して手軽においしく

たこを生きたままブツ切りにして、たれにつけて食べる「サンナッチ」は日本でも有名ですが、韓国では、同じくらいにポピュラーなたこ料理が「ナッチポックム」です。

「ナッチポックム」は本来、「サンナッチ」同様に生の手長だこでつくります。手長だこは、まだこよりも小型で足も細く、身が柔らかくて生でも食べやすいのが特徴です。ただし手に入りやすいものではないので、このレシピを本に載せるに当たり、主役のたこをどうするか悩みました。いいだこを生で使ったらどうかとも考えましたが、最終的に、日本の家庭で一番手近なゆでだこを使うことに決めたのです。生だことは多少、食感や味わいが違いますが、ゆでだこでも十分においしくできたので、自信をもって、おすすめします。

味つけはコチュジャン＋粉とうがらしで、本来の「ナッチポックム」は、かなり激辛。万人の方に食べやすいように辛さを控えめにしたので、仕上げの粉とうがらしで好みの辛さに調えてください。

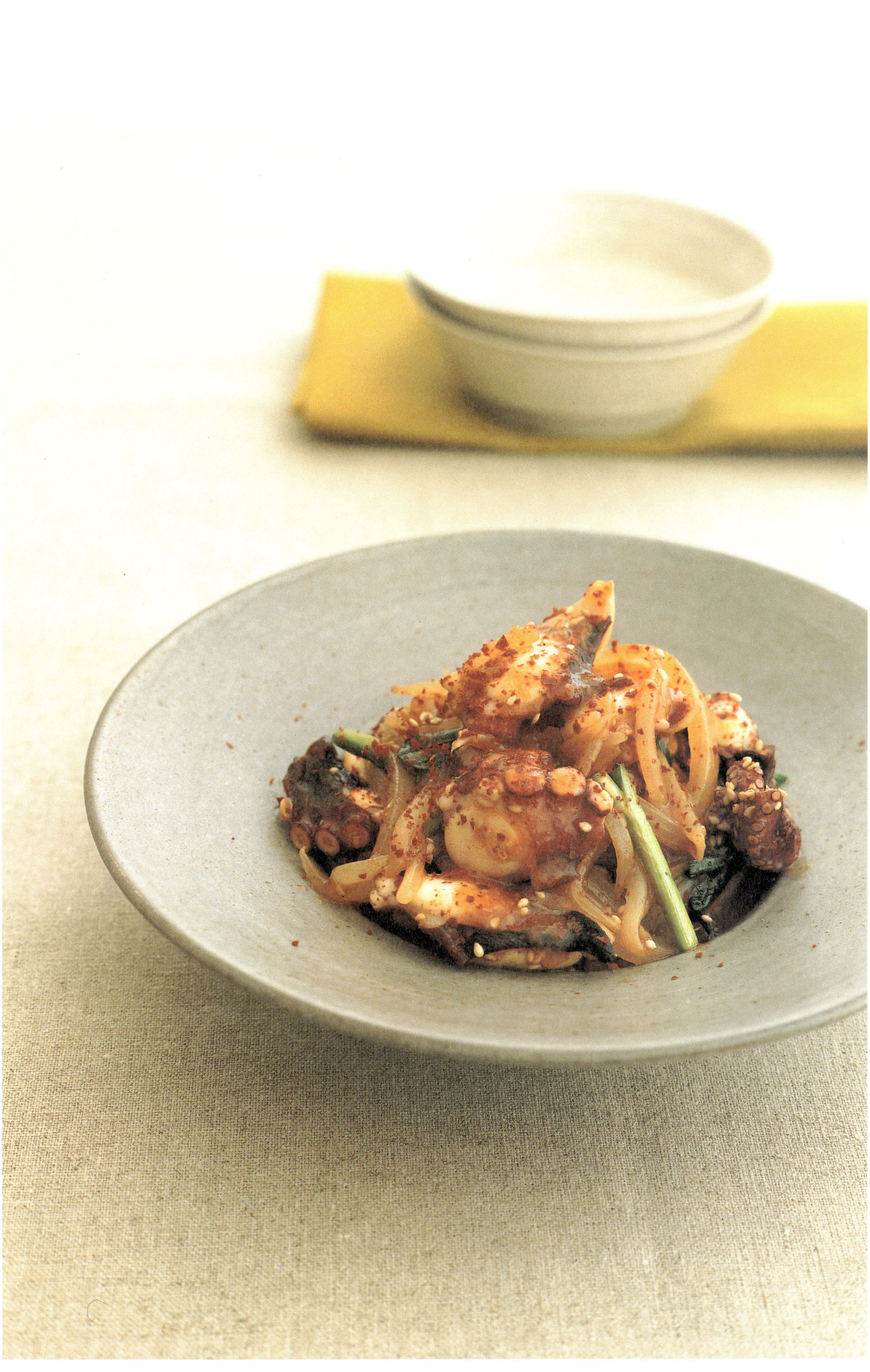

コラーゲンたっぷり、野菜もたっぷり

[スープ]

韓国では、スープは主菜にもなる日常食。滋養たっぷりのスープを食べると、体も心も潤います。

白・辛くないスープ
牛テールスープ

じっくりと煮込んだ牛テール肉はトロリと柔らかく、骨からたっぷりとだしが出たスープは滋味深い味わい。あっさりとしていながらも、まったりとしたコクがあります。ゼラチン質たっぷりの牛テール肉には、コラーゲンたっぷり。このスープを飲んだ翌朝は、お肌しっとりスベスベまちがいなしです！

白と赤の牛スープ

赤・辛いスープ
牛すじスープ

牛すじ肉もコラーゲンが豊富に含まれる部位で、コトコトと煮込むと、いいだしが出ます。コチュジャンで濃厚なコクと、じんわりとした辛みをつけるのがポイント。できたてはもちろんですが、じゃがいもがドロッと煮くずれて、とろみがついた翌日のスープもまたおいしいものです。

[スープ]

牛テールスープ

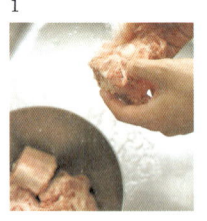

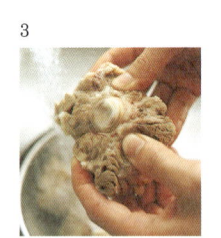

材料（3～4人分）
牛テール肉　800g
ねぎ　1本
大根　⅓本
にんじん　½本
A ┌ 酒　カップ½
　│ 塩　大さじ1
　└ にんにく（つぶす）　3～4かけ分
黒こしょう（粗びき）　適量
みつばとにらのジャン（P.63参照）　適量

1人分530kcal　調理時間3時間

1　牛テール肉は流水の下で血のりをきれいに洗い落とす（写真1）。冷凍牛テール肉の場合はたっぷりの水につけて1時間ほどおく（生肉の場合は水につける必要はない）。

2　鍋に1の牛テール肉を入れ、たっぷりの水を加えて強火にかけ、沸騰したらざるに上げ、湯をきる（写真2）。牛テール肉を流水の下で再び洗う。肉の中にある血を指で押し出しながら、よく洗い流す（写真3）。包丁で筋の堅い部分に縦に数本切り目を入れ、火の通りをよくする（写真4）。

3　ねぎは青い部分と白い部分に分け、白い部分は斜め薄切りにする。大根、にんじんは短冊形に切る。

4　2の鍋をきれいに洗い、水3ℓを入れて強火にかける。沸騰したら2の牛テール肉、A、ねぎの青い部分を加えて（写真5）ふたをする。煮立ったら弱火にし、アクを取りながら2時間半ほど煮込む。

5　牛テール肉を鍋から取り出し、スープをこす。スープをカップ6分取り分けて別の鍋に入れ、牛テール肉を加えて強火にかける。3の大根、にんじんを加えて（写真6）中火にし、5分間ほど煮る。野菜が柔らかくなったら3のねぎの白い部分を加えて軽く煮る。

※残ったスープは粗熱を取ってジッパー付き保存袋に入れて冷凍し、別の料理に使うとよい。

6　器に5を盛り、黒こしょうをふる。みつばとにらのジャンを添える。

下ごしらえさえ済めば、あとは鍋にまかせっきりでOK

韓国はスープ文化。具がたっぷりと入ってボリュームがあり、主菜として食べることが多いのが特徴です。なかでも牛スープは基本。料理によって、牛のあらゆる部位からだしをとります。

「牛テールスープ」と「牛すじスープ」は、定番の家庭料理。煮込み時間が多少かかりますが、下ごしらえさえ済めば、あとは鍋にまかせっきりでも大丈夫です。「牛テールスープ」はたっぷりの水で煮ることがおいしくつくるコツ。野菜を加える仕上げの直前でスープを取り分けますが、残ったスープはジッパー付き保存袋に入れて冷凍し、「冷めん」のスープや煮込み料理のベースに使ってください。もちろん、好みの具を入れて温めるだけでもおいしくいただけます。

韓国では、食べている途中でスープにキムチを加えたり、ご飯を加えて「クッパ」にします。スープ一つとってもいろいろ楽しみながら食べるのが韓国流なのです。

「牛スープ」以外には、副菜的な汁物として楽しめる、韓国の代表的なシンプルスープを3品紹介します。

牛すじスープ

材料(2〜3人分)
牛すじ肉　300g
A ┌ 酒　カップ½
　├ 塩　大さじ½
　└ にんにく(つぶす)　2かけ分
じゃがいも　2コ
れんこん　½節
たまねぎ　½コ
B ┌ コチュジャン　大さじ2
　├ しょうゆ　大さじ1
　├ 粉とうがらし(中びき。韓国産)
　│　　大さじ1
　└ 砂糖　小さじ½
塩　適量

1人分310kcal　調理時間1時間30分

1　鍋に牛すじ肉を入れてたっぷりの水を加え、強火にかける(写真1)。沸騰したらざるに上げて湯をきり、牛すじ肉を流水の下でサッと洗う。

2　1の鍋をきれいに洗い、水1.5ℓを入れて火にかける。沸騰したらAと牛すじ肉を加えて(写真2)ふたをする。煮立ったら弱火にし、アクを取りながら1時間ほど煮込む。

3　じゃがいもは皮をむき、3〜4等分に切る。れんこんは皮をむき、1cm幅の半月形に切る。たまねぎは1cm幅のくし形切りにする。

4　2に3の野菜とBを加え(写真3)、中火で12〜13分間煮て塩で味を調える。

クッパ

韓国ではスープにはご飯が付き物で、あらゆるスープにご飯を入れて楽しみます。日本ではご飯に汁物をかけて食べますが、韓国では逆の食べ方が一般的。スープにご飯を入れると、すべて「クッパ」になります。日本では「クッパ」は一つの料理の名称のようにとられますが、「クッパ」はスープご飯の総称なのです。スープにご飯を入れるタイミングはお好みで。

みつばとにらのジャン

みつばとにらをミックスしたジャンのトッピングで、辛くない「牛テールスープ(クッパ)」もピリ辛味が楽しめます。

材料(つくりやすい分量)とつくり方
みつば1株、にら5〜6本は3cm長さに切り、粉とうがらし(中びき。韓国産)小さじ1、しょうゆ大さじ1、白ごま大さじ½と混ぜ合わせる。

白のクッパ
　牛テールスープクッパ
牛テール肉の滋味深いうまみで、やさしい味わい。みつばとにらのジャンを加えると、キリッとした味になります。

赤のクッパ
　牛すじスープクッパ
コチュジャンのコクのある風味と程よい辛み、じゃがいものトロッとした甘み。さまざまな味を含んだご飯が絶品。

[スープ]

わかめスープ

韓国では、誕生日にはオモニ(母)がつくった「わかめスープ」を食べるのが習慣です。牛肉とわかめを炒めてから煮るので、うまみとコクがたっぷり出たスープに仕上がります。

材料(2人分)
牛肉(切り落とし)　100g
わかめ(塩蔵)　20g
にんにく　1かけ
ねぎ(白い部分)　½本分
塩・黒こしょう(粗びき)　各適量
ごま油・白ごま　各大さじ1
しょうゆ・酒　各大さじ1
粉とうがらし(中びき。韓国産)
　小さじ2

1人分280kcal　調理時間10分

1　牛肉は塩・黒こしょう各少々をふる。わかめはサッと水で洗って塩を落とし、水に5分間ほどさらして水けをきり、食べやすい大きさに切る。にんにくはすりおろす。ねぎは小口切りにする。
2　鍋にごま油を熱し、牛肉を入れて中火で炒める。肉の色が変わり始めたら、にんにく、わかめを加えてサッと炒める(写真1)。
3　水カップ3(写真2)、しょうゆ、酒を加えて煮立たせ、弱火にして5分間ほど煮る。ねぎを加えて2分間ほど煮て、塩・黒こしょう各少々で味を調える。器に盛り、白ごま、粉とうがらしを散らす。

大豆もやしスープ

大豆もやしの風味豊かなスープです。「わかめスープ」同様、韓国では定番中の定番。大豆もやしにはアルコールを分解する成分があるので、韓国では二日酔い解消の目的で飲むこともあるようです。

材料(2人分)
大豆もやし　150g
煮干し　20g
酒　大さじ1
A ┌ 塩　小さじ2/3
　├ にんにく(すりおろす)　少々
　└ しょうゆ　少々
白ごま　小さじ2

1人分80kcal　調理時間10分

1　煮干しは内臓を取る(頭は取らない)。鍋に水カップ3と煮干しを入れて強火にかけ(写真1)、煮立ったら酒を加えて中火で3〜4分間煮る。
2　大豆もやしを加えてふたをし(写真2)、3〜4分間煮る。
3　Aを加えてひと煮立ちさせ、煮干しごと器に盛る。白ごまを散らす。

[スープ]

ムール貝のスープ

ムール貝のさっぱりとしたうまみが凝縮したスープです。韓国料理でムール貝？と驚かれるかもしれませんが、韓国では日常的に食べられる食材です。無料のサービス料理として出す屋台や料理店もあります。

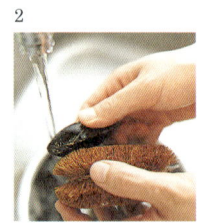

材料（2人分）
ムール貝　200g
にんにく　1かけ
みつば　1株
塩　少々
ごま油　大さじ1
酒　カップ1
A ┌塩　小さじ1
　 └しょうゆ　小さじ½
黒こしょう（粗びき）　適量

1人分100kcal　調理時間10分*
＊ムール貝を塩水につけておく時間は除く。

1　ムール貝は足糸（そくし）（口から糸のように出ているもの）を取り（写真1）、流水の下で殻をたわしでこすってしっかりと洗い（写真2）、塩を混ぜた水に30分間ほどつける。
2　にんにくはみじん切りにする。みつばは3cm長さに切り、茎と葉に分けておく。
3　フライパンにごま油、にんにくを入れて弱火にかけ、じっくりと炒める。香りがたったらムール貝を加えてざっと混ぜ（写真3）、酒を加えてふたをして酒蒸しにする。
4　貝の口が開いたら熱湯カップ2（写真4）、Aを加えて混ぜ、みつばの茎を加えて軽く煮る。器に盛り、みつばの葉を散らし、黒こしょうをふる。

66

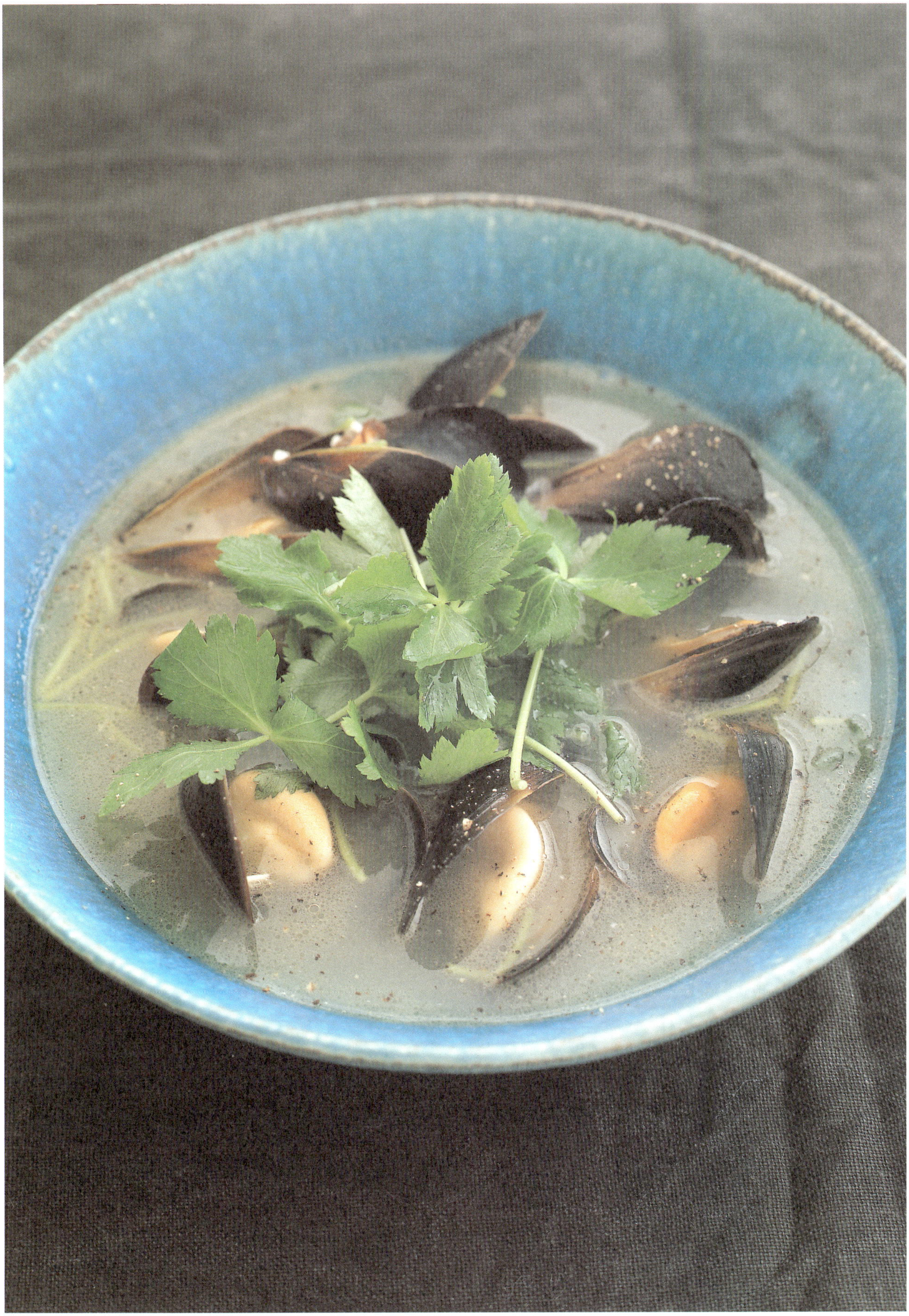

［チゲ］

「チゲ」は、数種類の具がたっぷり入ったスープ。「キムチ」同様、韓国の食卓には欠かせない料理です。

スンドゥブチゲ

"おぼろ豆腐チゲ"という意味の、あさりのだしがきいた豆腐のピリ辛チゲです。僕は絹ごし豆腐でのどごしよく仕上げますが、好みで、おぼろ豆腐を使ってください。

材料（2人分）
- 絹ごし豆腐　1丁
- あさり（砂抜きしたもの）　200g
- 生しいたけ　3〜4枚
- 細ねぎ　2〜3本
- 卵　2コ
- 酒　カップ½
- A ┌ にんにく（すりおろす）　1かけ分
　　│ しょうゆ　大さじ2
　　└ 粉とうがらし（中びき。韓国産）　大さじ1
- 塩　少々
- 粉とうがらし（中びき。韓国産）　適量

1人分210kcal　調理時間20分

1　豆腐は6等分に切る。あさりは流水の下で殻をこすり合わせて洗う。生しいたけは軸を取り、薄切りにする。細ねぎは小口切りにする。
2　鍋にあさりを入れて酒を加え（写真1）、中火にかける。煮立ったらふたをし、2〜3分間、弱めの中火で酒蒸しにする。
3　あさりの口が開いたら（写真2）火を止め、蒸し汁を鍋に残し、あさりを取り出す。
4　3の鍋に水カップ3を加え、中火にかける。煮立ったらAを加える（写真3）。
5　再び煮立ったら、しいたけ、豆腐を加え（写真4）、あさりを戻し入れて（写真5）2〜3分間煮る。塩で味を調えて卵を割り入れる。白身が固まってきたら、細ねぎと粉とうがらしを散らし、火から下ろす。

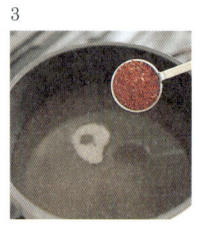

みそ汁とは違い、みそを加えてからグツグツと煮込んでコクを出す

「チゲ」は日本人にとっての"みそ汁"のようなもの。いや、韓国人にとっては、それ以上のものかもしれません。"みそ汁"は汁物で主菜にはなりませんが、スープ文化の韓国では、具だくさんのスープを主菜にすることが多いので「チゲ」も同様です。肉や魚、野菜、豆腐など数種類の具を組み合わせるので、「チゲ」さえあれば、ほかのおかずは不要なほど、ボリュームがあります。また、にんにくやしょうがが入るのでスタミナもつきます。

日本のみそ汁は、「煮えばな」といって、みそを溶き混ぜたらあまり火を通しません。しかし、韓国では、みそを加えてからグツグツと煮込んでコクを出します。また、「チゲ」は、みそベースのもの以外にも、「スンドゥブチゲ」のように粉とうがらしとしょうゆで調味するものや、71ページの「たらチゲ」のようにしょうゆと塩で調味するものなど、さまざまな種類があります。

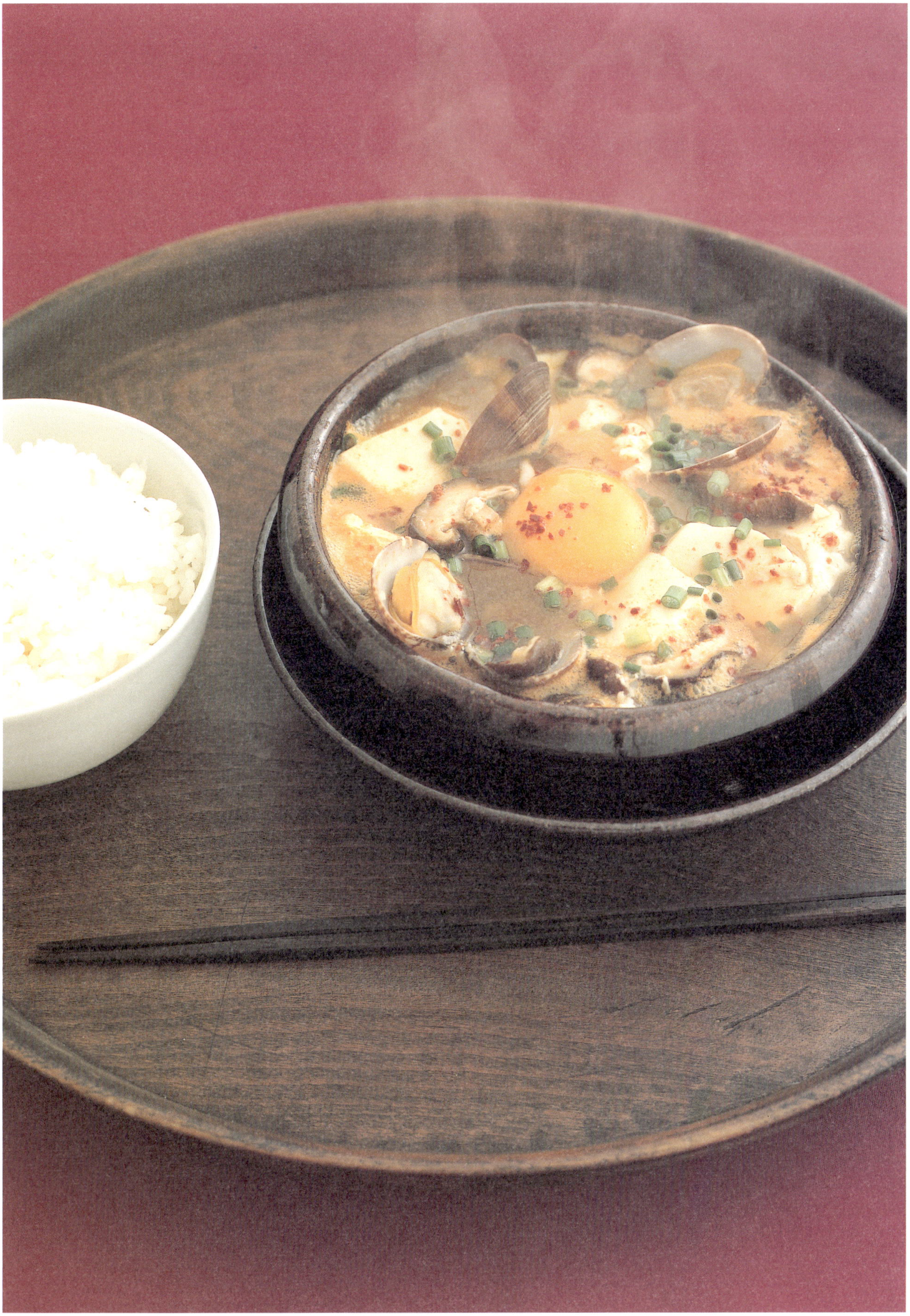

[チゲ]

にら豚チゲ

「チゲ」の中でも僕がいちばん好きなのがこの「にら豚チゲ」。学生時代は、しょっちゅうつくっていました。スタミナ不足のときには特におすすめです。

材料(2人分)
豚バラ肉(薄切り)　150g
にら　¼ワ
白菜キムチ　100g
にんにく　1かけ
A ┌ みそ　大さじ2
　│ 酒　大さじ1
　└ しょうが(すりおろす)　1かけ分
ごま油　大さじ1
塩・黒こしょう(粗びき)　各少々
白ごま・粉とうがらし
　　(中びき。韓国産)　各大さじ½

1人分430kcal　調理時間10分

1　豚バラ肉は長さを3等分に切り、塩、黒こしょうをふる。にらは5cm長さに切る。白菜キムチは食べやすい大きさに切る。にんにくは包丁の腹でつぶす。
2　Aを混ぜ合わせる。
3　鍋にごま油を熱して豚肉を入れ、中火で両面をこんがりと焼く。白菜キムチ、にんにくを加えてサッと炒め合わせる(写真1)。
4　3に水カップ3を加え、煮立ったら2を溶き混ぜて加え(写真2)、2分間ほど煮る。にらを加えて(写真3)サッと煮、白ごま、粉とうがらしを散らす。

たらチゲ

韓国には、たらを主役にしたスープがたくさんあります。この「チゲ」は、みそやコチュジャン、粉とうがらしは入れずに、あっさりと仕上げるのが特徴です。食べるときに「みつばのジャン」でさわやかな辛みを添えます。

材料（2人分）
まだら（切り身）　2切れ
かぶ　2コ
しめじ　½パック
生とうがらし（赤）　1本
昆布（7〜8cm角）　1枚
A ┌ 酒　大さじ2
　├ しょうゆ　大さじ1
　└ にんにく（すりおろす）　1かけ分
塩　適量
みつばのジャン（右記参照）　適量

1人分120kcal　調理時間30分

1　かぶは茎を2cmほど残して葉を切り落とし、皮をむいて縦4等分に切り、よく洗う。しめじは石づきを取り、小房に分ける。生とうがらしはヘタを取って斜め薄切りにする。

2　鍋に水カップ3と昆布を入れて15分間ほどおき、強火にかける（写真1）。煮立ったら昆布を取り出し、かぶを加えて5分間ほど弱火で煮る。

3　かぶが柔らかくなったら、たら（写真2）、しめじを加えて3分間ほど煮る。A、生とうがらしを加えてサッと煮、塩で味を調える。器に盛り、みつばのジャンを添える。

みつばのジャン

あっさりとやさしい風味の「たらチゲ」には、香りのよい辛いジャンでアクセントをつけて。

材料（つくりやすい分量）とつくり方
みつば1株は根元を切って2〜3cm長さに切り、ボウルに入れる。しょうゆ大さじ1、粉とうがらし（中びき。韓国産）小さじ½、白ごま小さじ1を加えて混ぜる（写真3）。

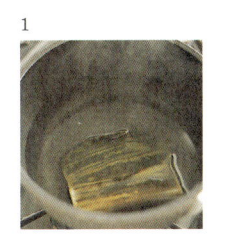

[チゲ]

プデチゲ

韓国の若者に大人気の鍋料理「プデチゲ」はソーセージとラーメンを入れるのが鉄則。ほかの材料は冷蔵庫にあるものでOK。

材料（2〜3人分）
ソーセージ　4本
にら　¼ワ
ねぎ（白い部分）　1本分
白菜キムチ　200g
大豆もやし　½袋
インスタントラーメン（韓国産）＊　1袋
スライスチーズ（溶けるタイプ）　1枚
A ┌ コチュジャン　大さじ1
　├ みそ　大さじ2
　└ にんにく・しょうが（各すりおろす）　各1かけ分

1人分330kcal　調理時間15分
＊P.74〜75参照。めんだけを使用し、添付のスープは使わない。

1　ソーセージは斜め半分に切る。にらは5cm長さに切る。ねぎは1cm幅の斜め切りにする。白菜キムチは食べやすい大きさに切る。
2　Aを混ぜ合わせる。
3　鍋に水カップ4を入れて中火にかけ、煮立ったら2を加えて混ぜる（写真1）。全体になじんだら、大豆もやし、ねぎ、白菜キムチ、ソーセージを加え（写真2）、中央にインスタントラーメンをのせて（写真3）4分間ほど中火で煮る。
4　ラーメンに火が通ったら、にら、スライスチーズをのせ、トロリと溶かす。全体を混ぜて食べる。

ラーメンを投入したら、グツグツと煮込んで味をなじませる

「プデ」を和訳すると「部隊」なので、「プデチゲ」は「部隊チゲ」。米軍から配給されたソーセージやインスタントラーメンで、鍋をつくった軍隊の料理が起源といわれています。このジャンキーさにびっくりする方もいるかもしれませんが、意外にいける味なので、ぜひチャレンジしてほしいと思います。

「プデチゲ」は、ソーセージでうまみを出すことと、ラーメンをグツグツと煮込むのが、おいしさのポイントです。僕は、スライスチーズも加えて、まろやかなコクをプラスしました。インスタントラーメンは韓国産を使ってください。最近では、日本のスーパーマーケットでも売られているので手に入りやすくなりました。韓国のラーメンはコシが強く、煮込んでも煮くずれしませんが、日本のラーメンを使用すると、ドロドロになってしまうので、「プデチゲ」には適しません。

72

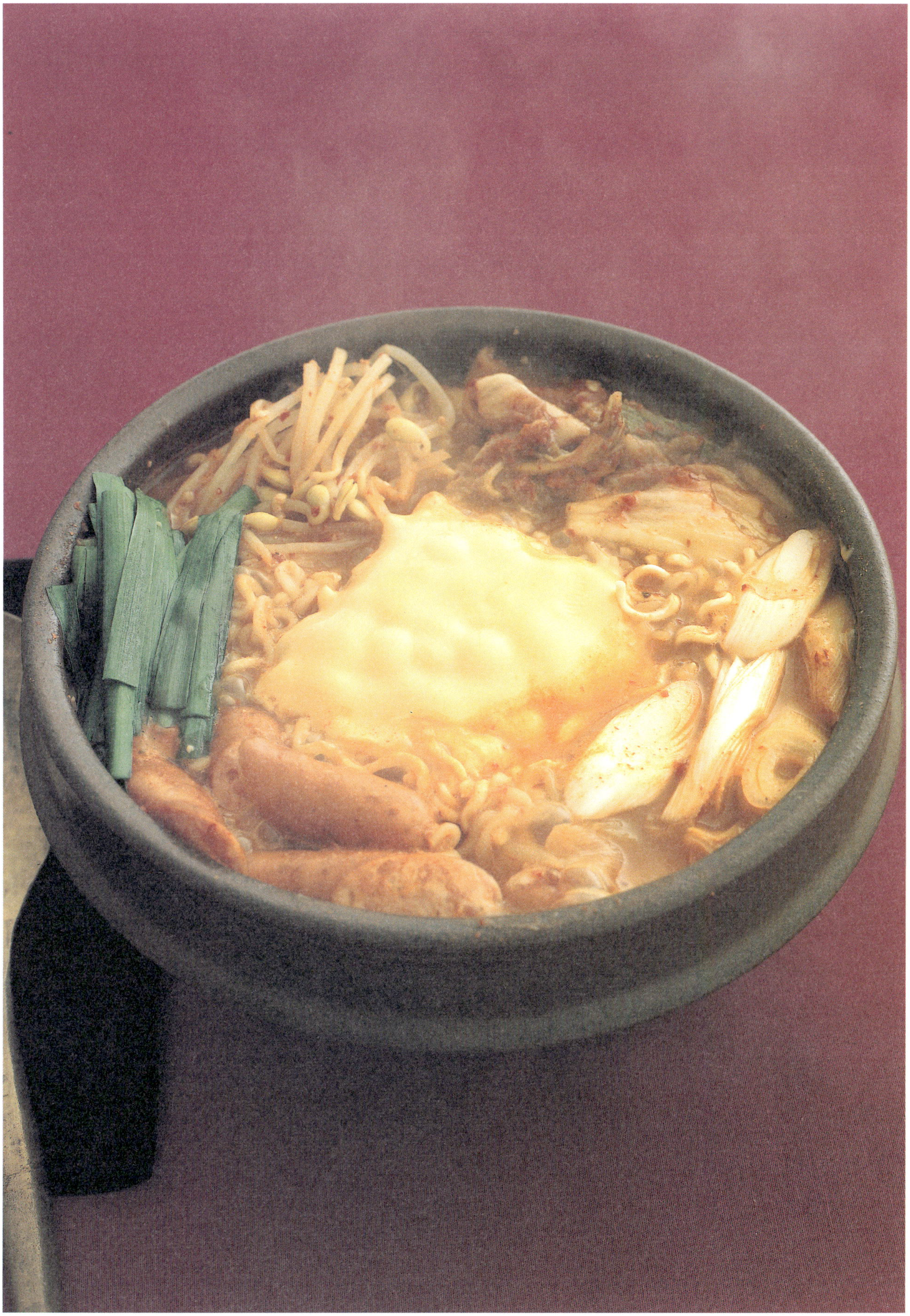

激辛ラーメン

材料(2人分)
インスタントラーメン(韓国産)2袋／インスタントラーメン添付のスープ1袋／ねぎ(白い部分)½本分／にら2～3本／しょうゆ・コチュジャン各大さじ1／白ごま小さじ1／粉とうがらし(中びき。韓国産)小さじ1

1人分420kcal　調理時間5分

1　ねぎは1cm幅の斜め切りにする。にらは1cm幅に切る。
2　鍋に水カップ4とインスタントラーメン添付のスープ、しょうゆを入れて強火にかける。煮立ったらコチュジャンを加えて溶かし混ぜ、ラーメンを加えて2～3分間中火で煮る。
3　ねぎを加えて軽く煮、にら、白ごま、粉とうがらしを散らし、火から下ろす。

激辛ラーメンで汗をいっぱいかいて、元気回復。これが僕の風邪撃退法です。

韓国では、ラーメン＝インスタントラーメン。食堂で注文しても、日本のように生ラーメンではなく、インスタントラーメンが出てくるのが通常です。日本のラーメンに慣れている人は、最初は軽いカルチャーショックを受けるかもしれませんね。お店だけでなく、もちろん家庭でも食べます。調理した鍋ごと食卓に持って行って、鍋から直接食べる光景、ドラマや映画で見たことありませんか？　行儀が悪いように見えますが、韓国では一般的なラーメンの食べ方です。

僕はふだん、インスタントラーメンはほとんど食べません。ただし、風邪をひいたときだけは特別。何もつくりたくないほどしんどいときには決まって、非常食としてストックしてある韓国産のインスタントラーメンをごそごそと取り出してパパッと簡単につくります。もともと辛い味つけのところを、とうがらしやコチュジャンでさらに激辛にして、汗をいっぱいかいて、翌朝にはすっきりと元気回復。これが僕の風邪撃退法です。スタミナをつけたいときには、にんにく、しょうがを加えると、さらにパワーアップ！

韓国のインスタントラーメンは、日本のものよりコシが強く、煮込んでも煮くずれしないのが特徴。添付のスープは基本的には辛い味つけがベース。

韓国産のインスタントラーメン

[チュッ] 鶏がゆ

「チュッ」とは"おかゆ"のことです。韓国には、スープ同様、おかゆもさまざまな種類があります。

僕の家では鶏一羽を使いましたが、僕はブツ切りの骨付き肉で手軽に楽しんでいます。濃厚なうまみが出たスープを吸ったご飯がもう最高！ジャンを加えると、一気に韓国テイストになります。

材料（2人分）
- 鶏もも肉（骨付き。ブツ切り） 1本分（約350g）
- ご飯* 茶碗2杯分
- にんにく 2かけ
- 塩 適量
- ごま油 大さじ1
- にらのジャン・ねぎのジャン・青とうがらしのジャン（下記参照） 各適量

1人分590kcal 調理時間40分
*温かいものでも冷たいものでもよい。

1 鶏肉は切り目を数か所入れ、塩をふる。にんにくは包丁の腹でつぶす。
2 鍋にごま油を熱し、にんにくを入れて弱火で炒める。香りがたったら鶏肉を加え、表面に焼き色がつくまで中火で焼く。
3 2に水カップ4を加え（写真1）、煮立ったら（写真2）ふたをして弱めの中火で20分間ほど煮て鶏肉を取り出す。
4 3の鍋にご飯を加えて（写真3）10分間煮る。取り出した鶏肉は粗熱を取り、骨を取り除いて食べやすい大きさに裂く（写真4）。
5 おかゆを器に盛り、鶏肉をのせる。にらのジャン、ねぎのジャン、青とうがらしのジャンを添え、好みのジャンをかけながら食べる。

ゆで鶏が残ったときのお楽しみ

ゆで鶏のチョコチュジャン添え
チョコチュジャンのさっぱりとした辛みがゆで鶏によく合います。

材料（つくりやすい分量）とつくり方
コチュジャン大さじ1、酢小さじ2、砂糖小さじ½を混ぜてチョコチュジャン（P.80参照）をつくり、天然塩適量とともに、ゆで鶏に添える。

3種類のジャン

それぞれ違った香りと辛みを添えるので、おかゆを食べながら、少しずつ加えていろいろな味を楽しみます。

にらのジャン
材料（つくりやすい分量）とつくり方
にら2本は1cm幅に切ってボウルに入れる。しょうゆ大さじ1、粉とうがらし（中びき。韓国産）小さじ1を加えて混ぜる。

ねぎのジャン
材料（つくりやすい分量）とつくり方
細ねぎ2〜3本は薄い小口切りにしてボウルに入れる。しょうゆ・酢・白ごま各大さじ½、しょうが（すりおろす）½かけ分を加えて混ぜる。

青とうがらしのジャン
材料（つくりやすい分量）とつくり方
生とうがらし（青）8本はヘタを取って小口切りにし、ボウルに入れる。しょうゆ大さじ2を加えて混ぜる。

※「にらのジャン」、「ねぎのジャン」は日もちがしないので、当日中に食べきる。「青とうがらしのジャン」は保存瓶に入れて冷蔵庫で約1週間保存可能。

おかゆにジャンやキムチを加えて食べるのが韓国流

韓国ではおかゆは日常食で種類も豊富にあり、専門店や屋台もあるほどです。米の形状もさまざまで、「鶏がゆ」は日本のおかゆに近いタイプ。本来は米からつくるように、この本では手軽にできるように、鶏のうまみが出たスープにご飯を加えたレシピにしました。3種類のジャンを添えていますが、1種類だけでもかまいません。おかゆだけでも濃厚なうまみがあるのですが、ジャンを加えるとさらにおいしい！　韓国では、ジャンのほかに、キムチも加えて食べます。

韓国のおかゆの中でも特徴的なものは、米を細かくすりつぶし、とろみづけとして使うポタージュスープに近いタイプ。さらっとスープのようにいただくレシピもありますが、僕は米の量を増やして"ご飯感"を強調し、歯応えとボリュームを出しました。その代表的なもの。「松の実がゆ」（78ページ参照）と「かぼちゃがゆ」（79ページ参照）は、甘めのレシピも多いのですが、僕は甘みを抑えてあっさりと仕上げています。

[チュッ]

松の実がゆ

ナッツの香ばしさやコクを凝縮した深い味わいです。
薬食同源の韓国では、昔から松の実をよく使います。
体によいだけでなく、美容効果も高いので、
女性には特におすすめしたいおかゆです。

材料(2人分)
松の実　60g
米　120g
塩　小さじ1/3

1人分410kcal　調理時間25分

1　松の実は茶色い部分を取り除き(写真1)、10粒を別に取り分けて、残りをミキサーに入れる。
2　米は水で洗って水けをきり、1に加える(写真2)。水カップ1/2も加え、かくはんする。
3　なめらかになったら(写真3)鍋に移し、弱火にかける。水カップ2を加えて木べらなどで混ぜながら20分間ほど煮る(写真4)。
※煮詰まってくると米の粒がはねることがあるので、やけどに注意。
4　米の粒が柔らかくなったら塩を加えて混ぜ、器に盛る。1で取り分けた松の実を飾る。

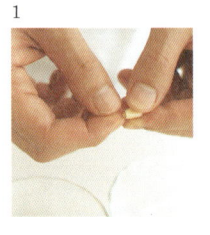

1　2　3　4

かぼちゃがゆ

ポタージュスープのように、ミルクや香辛料、余分な調味料を加えないので、かぼちゃの風味がストレートに味わえます。米が入っていて腹もちがよいので、朝食や夜食に。

材料(2人分)
かぼちゃ　100g
米　120g
塩　小さじ1/3
かぼちゃの種(あれば)　6粒

1人分260kcal　調理時間25分

1　かぼちゃはワタと種を取り除き、1cm幅に切って皮をむき、ミキサーに入れる。
2　米は洗って水けをきり、1に加える(写真1)。水カップ1/2も加えてかくはんする。
3　なめらかになったら(写真2)鍋に移し、弱火にかける。水カップ2 1/2を加えて(写真3)木べらなどで混ぜながら20分間ほど煮る。
※煮詰まってくると米の粒がはねることがあるので、やけどに注意。
4　米の粒が柔らかくなったら塩を加えて混ぜ、器に盛る。かぼちゃの種を飾る。

冷めん

日本でもおなじみの「冷めん」は、のどごしのよさとさわやかな酸味が醍醐味です。本来は手間がかかるスープを僕流に手軽にアレンジし、香味野菜をたっぷり使って風味よく仕上げました。

材料（2人分）
- 韓国冷めん（半生タイプ）＊　2玉（約320g）
- みょうが　1コ
- にら　2本
- ねぎ　10cm
- りんご　1/8コ
- 白菜キムチ　100g
- スープ
  - 豚ロース肉（薄切り）　6枚（100g）
  - A
    - 昆布（5cm角）　1枚
    - ねぎ（青い部分）　1本分
    - 塩　小さじ2/3
    - 酒　大さじ2
    - 水　カップ4
  - しょうゆ　大さじ1
  - B
    - しょうが（すりおろす）　1かけ分
    - にんにく（すりおろす）　少々
    - 酢　大さじ3～4

1人分540kcal　調理時間25分＊＊
＊生めん、または乾めんでもよい。
＊＊スープを冷やす時間は除く。

1　みょうがは縦半分に切り、縦に薄切りにする。にらは1cm幅に切る。ねぎは白髪ねぎにする（長さを半分に切り、縦に切り開いて芯を取り、縦に細く切って冷水にさらし、水けをきる）。りんごは芯を取り、1/2量は皮をむいてすりおろし、残りは薄切りにする。白菜キムチと豚肉は食べやすい大きさに切る。

2　スープをつくる。鍋にAを入れて火にかけ、煮立ったら豚肉を加え、中火で煮る（写真1）。肉の色が変わったら、しょうゆを加えて混ぜ、ボウルに移して粗熱を取る。表面に脂が固まってきたら（写真2）、豚肉を取り出してから、残りをペーパータオルでこしてスープをとる（写真3）。取り出した豚肉はとっておく。スープにB、1のすりおろしたりんごを加えて（写真4）混ぜ、冷蔵庫で冷やす。

3　冷めんは袋の表示どおりにゆでてざるに上げ、流水の下でよくもみ洗いをしてぬめりを取り（写真5）、水けをしっかりときり（写真6）、器に盛る。

4　3に2のスープをかけ、豚肉、白菜キムチ、みょうが、薄切りにしたりんご、白髪ねぎをのせ、にらを散らす。

豚肉とりんごで、本格的なスープの味わいを手軽に再現

「冷めん」は暑い夏に食べるイメージがありますが、本来は寒い季節にオンドル（韓国に昔から伝わる独特な方式の床暖房）がきいた暖かい部屋の中で食べるものです。僕の家では、冬でも汗が出そうなほど辛い料理を食べたあとに、〆として「冷めん」を食べる習慣がありました。ヒリヒリとした口の中をすっきりさっぱりさせるためです。

本格的な「冷めん」は牛肉をじっくりと煮込んでスープをとり、「トンチミ」という水キムチの汁を加え、さっぱりとした酸味を添えます。とても手間がかかるので、牛肉は豚の薄切り肉で、「トンチミ」はりんごで代用して、手軽にできるようにアレンジしました。

82ページで紹介する「ビビンめん」は、「冷めん」と並ぶ韓国の代表的な冷たいめんです。たっぷりのスープでいただく「冷めん」に対し、スープをはらずによくからめて食べます。「冷めん」に対し、スープをはらずによくからめて食べます。「チョコチュジャン」は、酢で酸味をきかせたコチュジャンソースで、韓国では刺身のたれとしてもよく利用します。

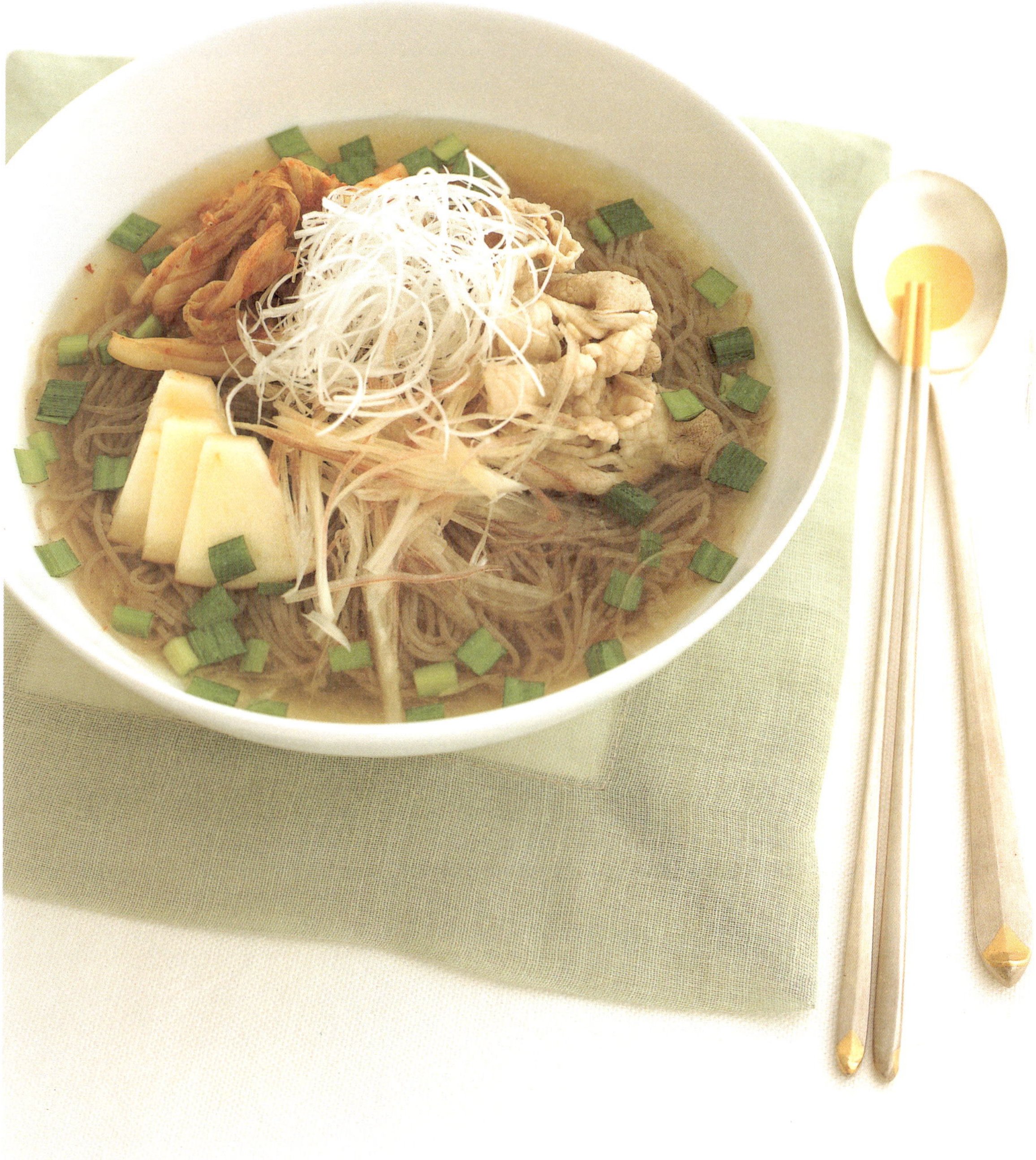

ビビンめん

「ビビンめん」は、ピリリッとした辛さの汁なしめん。韓国では涙が出るほど激辛ですが、食べやすいようにマイルドな辛さに仕上げました。チョコチュジャンをめんによくからめて食べましょう。

材料（2人分）
韓国冷めん（半生タイプ）* 2玉（約320g）
チョコチュジャン
　┌ コチュジャン　大さじ2
　│ 砂糖・白ごま　各大さじ1
　│ しょうが（すりおろす）　1かけ分
　│ 酢・レモン汁　各大さじ2
　└ ねぎ（粗みじん切り）　½本分
きゅうり　1本

1人分470kcal　調理時間10分
*生めん、または乾めんでもよい。

1　きゅうりは両端を切り落とし、4〜5cm長さの細切りにする。
2　ボウルにチョコチュジャンの材料を入れ（写真1）、混ぜ合わせる（写真2）。
3　冷めんは袋の表示どおりにゆでてざるに上げ、流水の下でよくもみ洗いをしてぬめりを取り、水けをしっかりときる。
4　2にきゅうり、冷めんを加え、全体をからめて器に盛る。

野菜ビビンめん

この「野菜ビビンめん」は、僕の母から受け継いだオリジナルレシピ。本来のシンプルな「ビビンめん」では栄養バランスがあまりよくないので、野菜をたっぷり混ぜました。

材料（2人分）
韓国冷めん（半生タイプ）＊　2玉（約320g）
ベビーリーフミックス　1袋
ミニトマト　4コ
ゆでだこの足　100g
チョカンジャン＊＊
　┌ しょうゆ　大さじ2
　│ 酢・レモン汁　各大さじ1
　│ しょうが（すりおろす）　1かけ分
　│ 白ごま　大さじ1
　│ 粉とうがらし（中びき。韓国産）
　└　　大さじ1/2

1人分480kcal　調理時間10分
＊生めん、または乾めんでもよい。
＊＊酢、しょうゆベースの合わせ調味料。

1　ミニトマトはヘタを取り、縦4等分に切る。ゆでだこは5mm厚さに切る。

2　ボウルにチョカンジャンの材料を混ぜ合わせて（写真1）ミニトマト、たこを加え、あえる（写真2）。

3　冷めんは袋の表示どおりにゆでてざるに上げ、流水の下でよくもみ洗いをしてぬめりを取り、水けをしっかりときる。

4　3を器に盛り、ベビーリーフミックス、ミニトマト、たこをのせる。2のボウルに残ったチョカンジャンをかけ、混ぜて食べる。

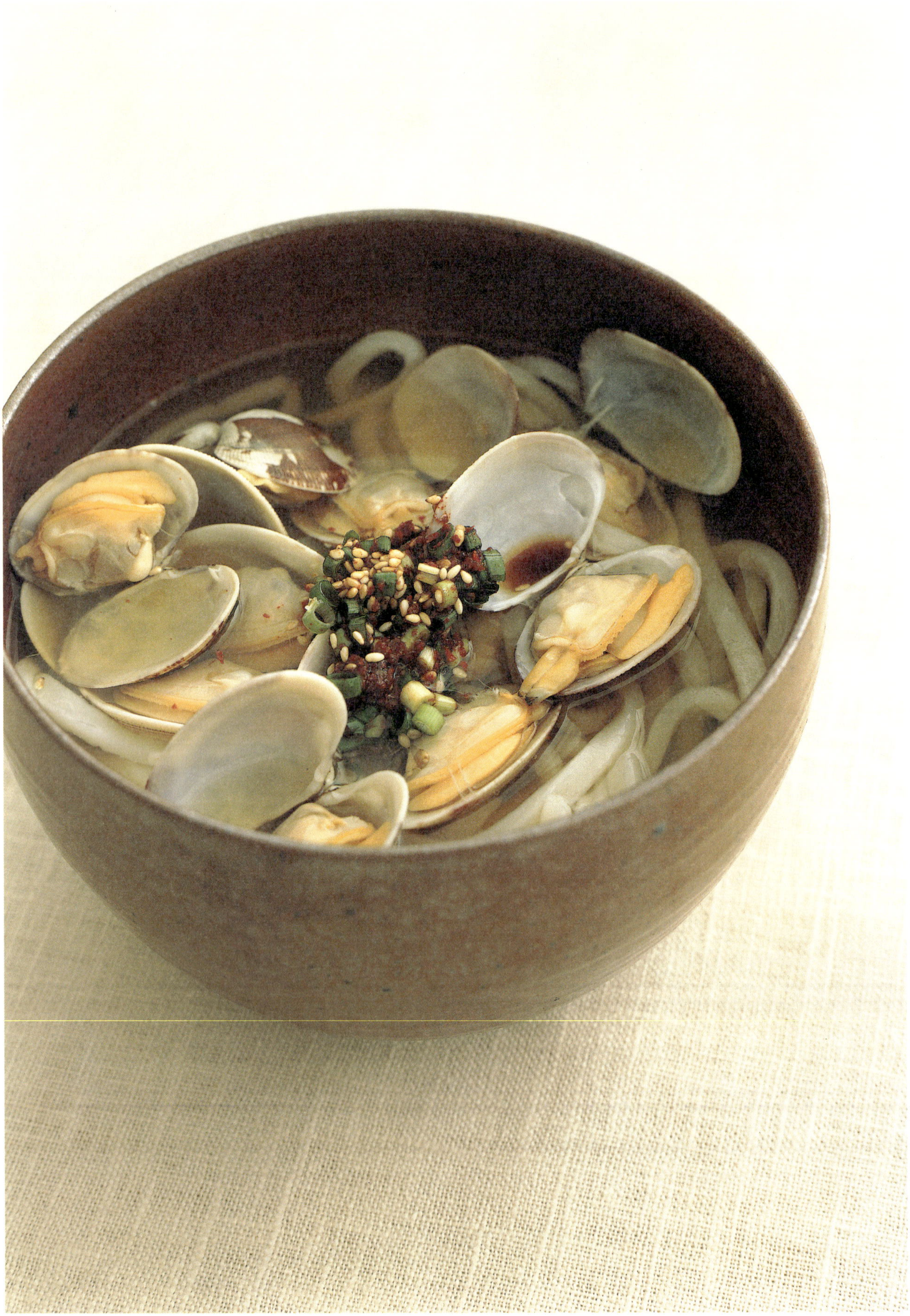

あさりのカルグッス

「カルグッス」は韓国式のうどんです。あさりのうまみを生かしたスープが特徴。日本のうどんとはまた違う味わいを楽しんでください。

材料(2人分)
- 冷凍うどん　2玉
- あさり(砂抜きしたもの)　200g
- にんにく　1かけ
- ごま油　大さじ1
- 酒　大さじ2
- 塩　小さじ2/3
- しょうゆ　適量
- ヤンニョムジャン
  - しょうゆ　大さじ2
  - 粉とうがらし(中びき。韓国産)・白ごま　各小さじ1
  - 細ねぎ(小口切り)　2〜3本分

1人分360kcal　調理時間15分

1　あさりは流水の下で殻をこすり合わせて洗う。にんにくはみじん切りにする。
2　ヤンニョムジャンの材料(写真1)を混ぜ合わせる。
3　冷凍うどんは熱湯につけてほぐし、器に盛る。
4　鍋にごま油、にんにくを入れて弱火にかけ、じっくりと炒める。香りがたったら、あさり、酒を加え、ふたをして中火で酒蒸しにする。あさりの口が開いたら、水カップ4、塩を加えて煮立たせ、しょうゆで味を調える(写真2)。
5　4を3のうどんにかけ、2のヤンニョムジャンを添える。

あさりのだしのスープは、ごま油とにんにくでパンチをきかせる

韓国には日本式のうどんもあるようですが、「カルグッス」は韓国式の手打ちうどんです。「カル」は"包丁"のことで、"クッス"は"めん"。小麦粉の生地を包丁で切っためんという意味の名称です。韓国語の慣わしで、単語と単語が連結すると、"クッス"の「ク」が濁音になるので、「カルグッス」になります。

本来の「カルグッス」は、めんを別の鍋でゆでずに、肉や魚介などでとったスープに直接入れて煮込むので、トロッとしたとろみがつきます。僕は口当たりをさっぱりとさせたかったので、うどんは別ゆでにし、仕上げにスープをかけるスタイルにしました。あさりのうまみにごま油とにんにくでパンチをきかせたスープは、日本の和風だしベースのうどんとは違う新鮮な味わいです。

「ヤンニョムジャン」は、しょうゆベースに粉とうがらしやねぎを加えたたれのこと。まずそのまま食べて、途中で「ヤンニョムジャン」を加えて味の変化を楽しんでください。

韓国ドラマや映画の定番料理「チャジャンミョン」は、食べてびっくり衝撃の味。

韓国の代表的な中国料理といえば「チャジャンミョン」。出前メニューとしても定番で、韓国ドラマや映画にもよく登場するので、「めんの上にドロッとした黒いソースがかかったあの食べ物はなに？」と興味深げに思ったことがある人も多いでしょう。実は僕もその口で、初めて食べたときには衝撃的でした。「チャジャンミョン」は、いわゆる「ジャージャーめん」に当たりますが、食べてびっくり、辛いどころか、こってりと甘い！ 食べ慣れた日本の「ジャージャーめん」とはまったく別の代物なのです。僕には少し甘すぎたので、この本では甘さ控えめのレシピに調整しました。

「チャジャンミョン」のソースは、チュンジャンという韓国独特の中国みそをにんにくやたまねぎなどと炒め合わせ、水溶きかたくり粉でとろみをつけます。これをめんにからませるようによく混ぜてから食べます。食堂では、必ずといっていいほど、生たまねぎのスライスとたくあんが添えられますが、これがなかなかの好相性。家庭でつくるときにも、付け合わせには、ぜひ！

そうそう、食べるときには要注意。お歯黒になること必至なので、彼氏への初料理には考え物かもしれませんね。

チャジャンミョン

材料(2人分)
中華蒸しめん2玉／チュンジャン大さじ2／豚ひき肉80g／きゅうり½本／たまねぎ¼コ／にんにく・しょうが(各みじん切り) 各1かけ分／ごま油大さじ2／しょうゆ大さじ1½／砂糖大さじ2／かたくり粉小さじ2／たくあん(輪切り)4切れ

1人分620kcal　調理時間15分

1　きゅうりは斜めに薄く切ってから細切りにする。たまねぎは半量を2cm角に切り、残りはみじん切りにする。角切りにしたたまねぎは水に5分間ほどさらし、水けをきる。
2　フライパンにごま油、にんにく、しょうがを熱し、香りがたったら豚ひき肉を入れて中火で炒める。肉の色が変わったら、たまねぎのみじん切りを加えてサッと炒め合わせる。
3　2にチュンジャンを加えて混ぜ、水カップ½を加えて煮立たせる。しょうゆ、砂糖を加えて混ぜ、弱火で3〜4分間煮る。トロッとしてきたら、かたくり粉を倍量の水で溶いて回し入れ、混ぜる。
4　中華蒸しめんを熱湯で2分間ほどゆでて湯をきり、器に盛る。3をかけ、きゅうりをのせる。たくあん、角切りにしたたまねぎを添える。

チュンジャン

「チャジャンミョン」など韓国の中国料理に使用される黒みそ。豆みそにカラメルがブレンドしてあるのが特徴で、辛みはなく、甘みとうまみがある。

チャプチェ

「チャプチェ」は〝雑菜〟という意味で、
春雨と牛肉や野菜、卵などさまざまな具を彩りよくあえた料理。
手間はかかりますが、それだけの価値があるおいしさです。

材料(2人分)
A ┌ 韓国春雨　50g
　└ 塩・ごま油　各少々
B ┌ にんじん　¼本
　│ ピーマン(赤)　½コ
　│ ごま油　大さじ½
　└ 塩　少々
C ┌ 生しいたけ　2枚
　│ ごま油　大さじ1
　└ 塩・黒こしょう　各少々
D ┌ ごぼう　¼本
　│ ごま油　小さじ1
　│ 砂糖・みりん・しょうゆ　各大さじ½
　└ 白ごま　小さじ1
E ┌ 牛カルビ肉(焼き肉用)　50g
　│ ごま油　小さじ1
　│ しょうゆ　大さじ½
　│ 砂糖・みりん・酒・白ごま　各小さじ1
　│ にんにく・しょうが(各すりおろす)
　└ 　各½かけ分
スナップえんどう　2本
塩　少々
錦糸卵
　┌ 卵　½コ
　└ ごま油　適量
松の実・糸とうがらし(韓国産)　各適量

1人分440kcal　調理時間40分

1　具の下ごしらえをする
にんじんは皮をむき、5cm幅の斜め切りにしてから細切りにする。ピーマンはヘタと種を取り、縦に細切りにする。しいたけは軸を取り、薄切りにする。ごぼうは包丁の背で皮をこそげ取り、せん切りにして水にサッとさらし、水けをきる。牛肉は細切りにする。スナップえんどうはヘタと筋を取り、塩を入れた熱湯でサッとゆでて、1cm幅の斜め切りにする。

2　錦糸卵をつくる
フライパンを弱火にかけ、ごま油をペーパータオルで薄くぬる。卵を溶きほぐして流し入れ、円形に薄く広げる。焼き色をつけないように両面をサッと焼いて取り出し、裏返した盆ざるなどにのせて粗熱を取り(写真1)、細切りにする(写真2)。

3　にんじんとピーマンを炒める
2のフライパンにBのごま油を熱し、にんじん、ピーマンを順に入れて強めの中火で炒め(写真3)、塩をふって混ぜ、バットにあける。

4　しいたけを炒める
3のフライパンにCのごま油を熱し、しいたけを入れて強めの中火で炒め(写真4)、塩、黒こしょうをふって混ぜ、バットにあける。

5　ごぼうを炒める
4のフライパンにDのごま油を熱し、ごぼうを入れて強めの中火でサッと炒める(写真5)。油がなじんだら、砂糖、みりん、しょうゆ、白ごまを加えて混ぜ、バットにあける。

6　牛肉を炒める
5のフライパンにEのごま油を熱し、牛肉を入れて中火で炒め(写真6)、しょうゆ、砂糖、みりん、酒、白ごま、にんにく、しょうがを加えて混ぜ、バットにあける。

7　春雨をゆでる
韓国春雨は袋の表示どおりにゆでて(写真7)ざるに上げ、流水の下でしっかりと洗い、水けをよくきる。キッチンばさみで食べやすい長さに切ってボウルに入れ、Aの塩、ごま油をふって混ぜる。

8　仕上げる
7に6の牛肉(写真8)、5のごぼう(写真9)、4のしいたけ(写真10)、3のにんじんとピーマン(写真11)を順に加え、そのつどよくあえる。最後にスナップえんどうを加えてあえ、器に盛る。松の実を散らし、錦糸卵、糸とうがらしをのせる。

炒めるときは味が薄いものから、あえるときは味が濃いものからが鉄則

「チャプチェ」は庶民的なイメージですが、元来は宮廷料理の一つ。すべての具をいっしょに炒め煮にする簡単な方法もありますが、僕は、具を別々に炒めて最後にあえる昔ながらの方法でつくります。仕上がりの味にも差が出ます。

韓国料理の"五味五色"の理念に基づき、緑・赤・黄・白・黒の五色の素材がそろっているので栄養バランスもパーフェクト。味つけの基本は塩またはしょうゆで、素材の色を鮮やかに残すものには塩、色づいてもかまわないものにはしょうゆを使います。具は別々に炒めますが、味が薄いものから順に炒めるので、途中でフライパンを洗う必要はありません。具をあえるときは、炒めるときとは逆に、味が濃いものから順に加え、薄いものから先にあえると、濃いものの味や色が移り、彩りも味のバランスも悪くなってしまうからです。

白菜キムチ

韓国料理を極めるならば、「白菜キムチ」も手づくりで。
自家製には、市販品とは異なる格別なおいしさがあります。
初めてでも失敗せずに、漬けたその日から楽しめる
手軽なレシピで紹介します。

材料（つくりやすい分量）

白菜　¼コ（約600g）
粗塩　30g
キムチヤンニョム
- 粉とうがらし（中びき。韓国産）　25g
- あみの塩辛　40g
- 砂糖　小さじ1
- にんにく・しょうが（各すりおろす）
   各1かけ分
- りんご（すりおろす）　¼コ分
- はちみつ　大さじ½
- 白ごま　大さじ½
- 大根　100g
- せり　¼ワ
- 細ねぎ　2〜3本

全量350kcal　調理時間15分＊
＊白菜におもしをしておく時間、
ざるに上げておく時間は除く。

砂糖／あみの塩辛／粉とうがらし（中びき。韓国産）
りんご／しょうが／にんにく
大根／白ごま／はちみつ
細ねぎ／せり

白菜はザク切りにして塩漬けにし、キムチヤンニョムであえるだけで完成

「キムチ」は韓国人にとって、なくてはならないもの。発酵食品である「キムチ」は韓国人の健康を支えているといっても過言ではありません。僕の家でも、子どものころから当然のごとく、母手製の「キムチ」が毎食ごとに食卓に上っていました。

韓国では、「キムチ」は季節ごとの野菜でつくったさまざまな種類があります。「かきのキムチ」など動物性のものもあります。とはいっても、やはり代表的なのは「白菜キムチ」。家庭によってキムチヤンニョム（キムチの漬けだれの総称）の材料やつくり方は違います。韓国人にとって「キムチ」は母の味。僕も、母直伝のレシピでつくっています。本来は発酵、熟成に長く時間をかけるものですが、この本では、少量の白菜ででき、漬けたその日に楽しめる「即席キムチ」のつくり方を紹介します。

ポイントは、白菜をザク切りにしてから塩漬けにすること。切らずに漬けるよりも時間短縮でき、キムチヤンニョムに漬け込まずにあえるだけで、味が回りやすくなります。このレシピで十分に本格的な味わいが楽しめます。

白菜を塩漬けにする

白菜キムチのつくり方

1　白菜は外葉を外し、堅い芯を斜めに切り落として葉と軸に分ける。軸は5cm長さの薄いそぎ切りにし(写真1)、葉は縦半分に切る(写真2)。

2　ボウルに白菜の軸を入れて粗塩の2/3量をふり(写真3)、天地を返すようにして全体をあえる(写真4)。

3　軸の上に葉をのせて残りの粗塩をふり(写真5)、同様にして全体をあえる(写真6)。

4　白菜の表面にラップをぴったりと覆い(写真7)、ボウルよりひとまわり小さい平らな皿をのせ、さらに鍋をのせておもしにし(写真8)、3～4時間おく(写真9)。途中、白菜の2割程度の高さまで水が上がったら白菜の天地を返す(写真10)。

※おもしの重さは、白菜の重量の2～2.5倍を目安にするとよい。

5　白菜から出た水を捨て、味をみて塩辛くない程度になるまで、流水で洗う(写真11)。水けは絞らずに、ボウルに置いたざるに広げてのせ(写真12)、1時間ほどおいて自然に水けをしっかりときる。

※水けを絞ると繊維が壊れ、食感が悪くなる。

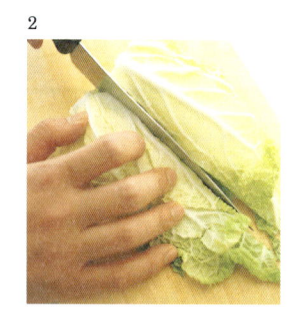

キムチヤンニョムをつくる

6　大根は3〜4cm長さの細切りにし、せりと細ねぎは3〜4cm長さに切る。あみの塩辛は包丁でたたいて細かくする（写真13）。
7　ボウルに粉とうがらし、あみの塩辛、砂糖、にんにく、しょうが、りんご、はちみつ、白ごまを合わせて（写真14）混ぜ合わせる（写真15）。
8　7に大根を加えてよく混ぜ（写真16）、せりと細ねぎを加え、軽く混ぜる（写真17）。

仕上げる

9　8のキムチヤンニョムに5の白菜を加え、よくあえる（写真18）。
※あえた直後に食べられる。密封容器に入れて冷蔵庫で約10日間保存可能。

韓国料理パワーで、元気になることまちがいなし！

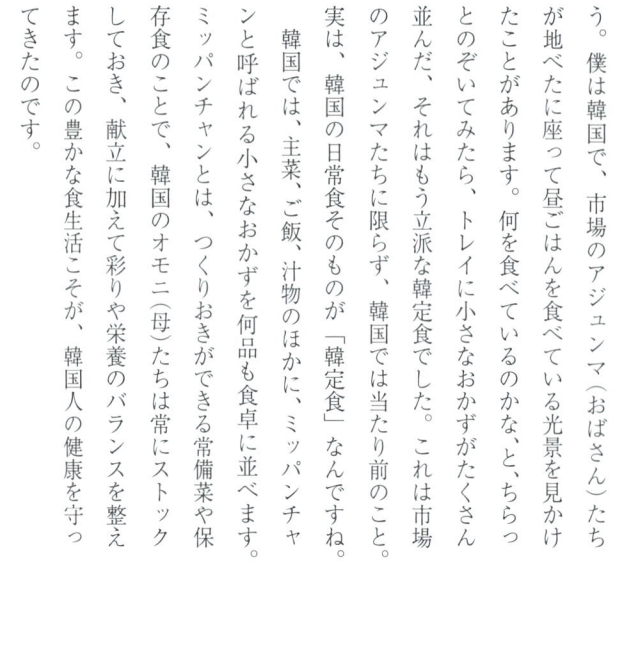

韓国の食スタイルの一つに、献立形式の「韓定食」と呼ばれるものがあります。ただし、日本の定食と違って、お膳やテーブルに食べきれないほど何種類ものおかずが並びます。

雑誌の韓国特集などでは、おしゃれな韓定食レストランが紹介されているので、宮廷料理や高級なイメージを思い浮かべる方が多いでしょう。僕は韓国で、市場のアジュンマ（おばさん）たちが地べたに座って昼ごはんを食べている光景を見かけたことがあります。何を食べているのかなと、ちらっとのぞいてみたら、トレイに小さなおかずがたくさん並んだ、それはもう立派な韓定食でした。これは市場のアジュンマたちに限らず、韓国では当たり前のこと。実は、韓国の日常食そのものが「韓定食」なんですね。

韓国では、主菜、ご飯、汁物のほかに、ミッパンチャンと呼ばれる小さなおかずを何品も食卓に並べます。ミッパンチャンとは、つくりおきができる常備菜や保存食のことで、韓国のオモニ（母）たちは常にストックしておき、献立に加えて彩りや栄養のバランスを整えます。この豊かな食生活こそが、韓国人の健康を守ってきたのです。

この本で紹介したレシピを組み合わせれば、「韓定食」の気分を十分に楽しめます。毎日実践するのは無理でも、家族や友人とゆっくり過ごす週末ごはんにチャレンジしてみてはどうでしょう。韓国料理パワーで元気になることまちがいなしです。メニュー選びのポイントは、彩りに気をつけること。できれば"緑・赤・黄・白・黒"の五色がそろえば完璧。そうすれば自然と、栄養バランスも整います。

menu

ご飯
大豆もやしスープ
かれいのコチュジャン煮
ズッキーニの蒸しナムル
チヂミ2種
(にらのチヂミ、かぼちゃのチヂミ)
チャプチェ
白菜キムチ
ミッパンチャン2種
(黒豆と干しえび炒め、切り干し大根と青とうがらし炒め)

切り干し大根と青とうがらし炒め

材料(つくりやすい分量)
切り干し大根(乾)15g／生とうがらし(青)½本／ごま油大さじ½／A(しょうゆ大さじ½、みりん・砂糖・粉とうがらし〈中びき。韓国産〉各小さじ½、にんにく〈すりおろす〉少々)

全量120kcal　調理時間15分

1　切り干し大根は水でサッと洗い、たっぷりの水に10分間ほどつけ、水けを絞る。生とうがらしは斜めに薄く切る。
2　フライパンにごま油を熱し、切り干し大根を入れて中火で炒める。全体に油がなじんだら生とうがらしとAを加え、サッと炒め合わせる。
※密閉容器に入れて冷蔵庫で約1週間保存可能。

黒豆と干しえび炒め

材料(つくりやすい分量)
黒豆(乾)50g／干しえび(乾)大さじ1／A(しょうゆ・はちみつ・みりん各大さじ1、砂糖小さじ1)

全量350kcal　調理時間25分

1　黒豆は水でサッと洗い、干しえびとともに水に10分間ほどさらして水けをきる。
2　フライパンに黒豆、干しえびを入れて弱火にかけ、豆が割れるまでからいりする。
3　ボウルにAを混ぜ合わせ、2を加えて混ぜ、豆が少しふくらむまで10分間ほどおく。
※密閉容器に入れて冷蔵庫で約1週間保存可能。

コウ ケンテツ
料理研究家。1974年、大阪生まれ。母親である韓国料理研究家の李 映林（り・えいりん）さんのおいしい韓国料理を食べてスクスクと元気に育つ。故郷・大阪にて3年ほど母に師事し、2006年、独立を機に上京。雑誌、単行本、テレビ、料理教室などで幅広く活躍中。2008年5月より、NHK『きょうの料理』に出演。和、洋、中、エスニック、お菓子と、あらゆるジャンルを得意とするが、自身の食の歴史を支える韓国料理には、ほかと一線を画すほどの強い思い入れを持つ。NHK『きょうの料理 ビギナーズ』テキストにて2007年4月号より「韓国料理1・2・3（ハナ・ドゥ・セッ）」の連載を開始し、ますます韓国料理への情熱はヒートアップ。念願の韓国料理をテーマとした単行本は本書が初となる。

★本書の情報は、基本的に2008年現在のものです。

アートディレクション・デザイン　遠矢良一（Armchair Travel）
デザイン　嘉生健一（Armchair Travel）
撮影　木村 拓
スタイリング　朴 玲愛
調理アシスタント　色井 綾
撮影協力　韓国広場（電話：03-3232-5400〈代〉）
　　　　　鍾路ホットク（電話：03-3232-2000）
校正　今西文子（ケイズオフィス）
栄養計算　宗像伸子
編集　宇田真子／阿川峰哉（NHK出版）
編集協力　石出和香子

コウ ケンテツの韓国料理1・2・3（ハナ・ドゥ・セッ）

発行日　2008年　4月20日　第 1 刷発行
　　　　2021年　6月15日　第22刷発行

著　者　コウ ケンテツ
　　　　©2008 Koh Kentetsu
発行者　森永公紀
発行所　NHK出版
　　　　〒150-8081　東京都渋谷区宇田川町41-1
　　　　電話　0570-009-321（問い合わせ）
　　　　　　　0570-000-321（注文）
　　　　ホームページ　https://www.nhk-book.co.jp
　　　　振替　00110-1-49701
印刷・製本　大日本印刷

ISBN978-4-14-033254-2　C2077　Printed in Japan
乱丁・落丁本はお取り替えいたします。定価はカバーに表示してあります。
本書の無断複写（コピー、スキャン、デジタル化など）は、
著作権法上の例外を除き、著作権侵害となります。